Taufpatenbrief, ausgestellt 1827, colorierte Radierung, „Leipzig bey Schreibers Erben". Maße: 15,6 × 15,3 cm

Taufen in Schleswig-Holstein

Taufen in Stein, Bronze und Holz vom Mittelalter bis zur Gegenwart

Von Wolfgang Teuchert

Westholsteinische Verlagsanstalt
Boyens & Co., Heide

KLEINE SCHLESWIG-HOLSTEIN-BÜCHER · BAND 37

Herausgegeben von den
Provinzial Versicherungen, Kiel

Wissenschaftlicher Betreuer: Prof. Dr. Ernst Schlee

ISBN 3-8042-0365-5

Herstellung: Westholsteinische Verlagsdruckerei Boyens & Co., Heide in Holstein
Printed in Germany

INHALT

1 Die Lübecker Marienkirche nach einer Lithographie aus der ersten Hälfte des 19. Jahrhunderts, von West nach Ost gesehen. Im Vordergrund die bis 1942 erhaltene Taufanlage

MITTELALTERLICHE TAUFEN

Wollte man sich die ältere Geschichte Schleswig-Holsteins in bildlichen Zeugnissen verdeutlichen, so könnte das kaum besser geschehen als durch die etwa 150 erhaltenen mittelalterlichen Taufen, die heute noch als mächtige Körper aus Stein oder Metall unübersehbar und eindrücklich in unseren alten Kirchen stehen. Viele von ihnen haben ein ehrwürdiges Alter und reichen bis in das ausgehende 12. Jahrhundert zurück, als die staatlichen und kirchlichen Verhältnisse im Lande festere Gestalt gewannen. Auch die Formenvielfalt der Taufen und ihre Verbreiterungsgebiete lassen einige Rückschlüsse auf die Besiedlungsgeschichte des Landes, seine seewärts orientierte wirtschaftliche Entwicklung, seine Verkehrsgeschichte und auch seine politischen Verhältnisse zu. Doch vor allem zeugen die Taufen als sakrale Gefäße von christlicher Glaubenskontinuität und vom Wandel der Auffassungen, das Wesen des ersten Sakraments in Form zu fassen.

Gefertigt aus Granit, Kalkstein, Sandstein, Marmor oder Bronze, ordnen sich die Taufen allein nach dem Material in bestimmte Gruppierungen. Eine besonders große Gruppe stellen im Norden des Landes granitene Taufen aus dem 12. und 13. Jahrhundert; sie gehören in den nordischen Kulturkreis, dessen südlichste Region Schleswig ist. Ihr Verbreitungsgebiet deckt sich ungefähr mit dem der jütisch-dänischen Bevölkerung. Hier hatte sich unter dem Einfluß von Importen im Umkreis der Schleswiger Dombauhütte eine eigenständige Produktion entwickelt, die in den Taufen in Nieblum auf Föhr und in Munkbrarup ihre künstlerischen Höhepunkte erreichte. Daß vereinzelt auch weiter südlich Granittaufen meist von schlichter Gestalt anzutreffen sind, ist selbstverständlich, denn schließlich war der Granit der einzige bodenständige Naturstein. Eine eigenständige Gruppe von besonderer Charakteristik haben diese Taufen nicht gebildet.

Eine weitere große Gruppe umfaßte Kalksteintaufen aus dem 13. bis 14. Jahrhundert, die aus Gotland importiert worden sind. Die meisten haben Pokalform und sind bildlos, einige wenige aus Sandstein von zylindrischer Grundform des eigentlichen Taufbeckens tragen Bildschmuck. Diese Taufen sind scheinbar regellos verstreut fast im ganzen Lande zu finden, tatsächlich aber dort, wo Meere, Flüsse und Bäche eine bequeme Anlieferung gestatteten, also hauptsächlich längs der Ostseeküste und auf Fehmarn, auch an der Westküste und auf den friesischen Inseln, ferner treene- und traveaufwärts und im Lauenburgischen längs der Wasserwege dort.

Auf dem westlichen Seeweg wurden über lange Zeit Taufen aus Namurer Blaustein, einem blaugrauen Marmor, eingeführt, deren älteste Exemplare im dänischen Nordschleswig erhalten sind. Ihr Vorkommen ist mit wenigen Ausnahmen auf den Bereich der schleswig-holsteinischen Westküste und binnenwärts längs Eider und Treene, die direkten Zugang zur Nordsee haben, beschränkt.

2 *Westfälische Taufe aus gelbem Bentheimer Sandstein, Mitte 13. Jahrhundert, in der Kirche Keitum auf Sylt*

Auch westfälische Werkstätten, deren Ausfuhrbereich festländisch ist und hauptsächlich Westfalen, Teile von Niedersachsen und Ostfriesland umfaßte, lieferten als ihre östlichsten Exporte einige Taufen für Kirchen an der Westküste, die über Ems und Nordsee dorthin gelangt sein müssen. Es handelt sich um Taufen als gelbem Bentheimer Sandstein von unterschiedlicher Gestalt. Hierunter gehört die Taufe in Keitum einem geläufigen Typ aus der Mitte des 13. Jahrhunderts an.

Schließlich sind noch die Bronzetaufen zu nennen. Die älteren, schlichte oder gering dekorierte Taufen in Grapenform aus dem 13. und 14. Jahrhundert gehören einer beiderseits der Unterelbe und bis Lüneburg ausgreifenden Gruppe an und sind in unserem Land vornehmlich in Dithmarschen beheimatet. Jüngere Taufen aus dem 14. und zahlreicher aus dem 15. Jahrhundert sind im ganzen Lande, überwiegend aber in Holstein, anzutreffen und stammen sowohl aus einheimischen wie südlich und westlich des Landes gelegenen Gießereien.

Wenn wir die Schleswiger Granittaufen als jütisch-dänischen Beitrag zur Ausstattung der Kirchen im Lande werten, so kann man die Bronzetaufen als den deutschen Beitrag bezeichnen, dessen Bereich sich im späteren Mittelalter entsprechend dem Vordringen deutscher Bevölkerung in den Schleswiger Raum nach Norden ausweitete. Diese Gruppe, ohnehin wegen der Kostbarkeit des Materials nur für reichere Gemeinden erschwinglich und daher an Zahl geringer, dürfte wegen ihres Metallwertes am stärksten geschwunden sein; so hatte man z. B. noch 1767 in Grube die aus dem Kloster Cismar stammende Erztaufe zum Schrottpreis verkauft.

Ungeachtet völkischer Grenzen griffen auf den Wegen eines verzweigten Verkehrsstromes die Lieferungen gotländischer Taufen in den Schleswiger, Holsteiner und Lauenburger Raum und spiegeln damit das Ausmaß und den Umfang wirtschaftlicher Beziehungen in den Ostseeraum. Im 14. Jahrhundert hörten diese Lieferungen vermutlich deswegen auf, da mit dem ausgehenden 13. Jahrhundert der alte Handelsweg über Lübeck–Hamburg im Schwergüterverkehr zugunsten des Seeweges durch den Sund zunehmend an Bedeutung verloren hatte und weil zum anderen die blühende Kunst auf der Insel nach den Katastrophen um die Mitte des 14. Jahrhunderts offensichtlich nur noch provinzielle Bedeutung besaß.

Auch die Lieferung der Namurer Blausteintaufen in den nordfriesischen Raum versteht sich als Ausdruck wirtschaftlicher Verbindungen und eines starken kulturellen Einflusses des Westens, der bis ins 16. Jahrhundert in den Taufen und darüber hinaus bis ins 17. Jahrhundert in anderen Werken der Plastik und der Malerei seinen künstlerischen Niederschlag fand.

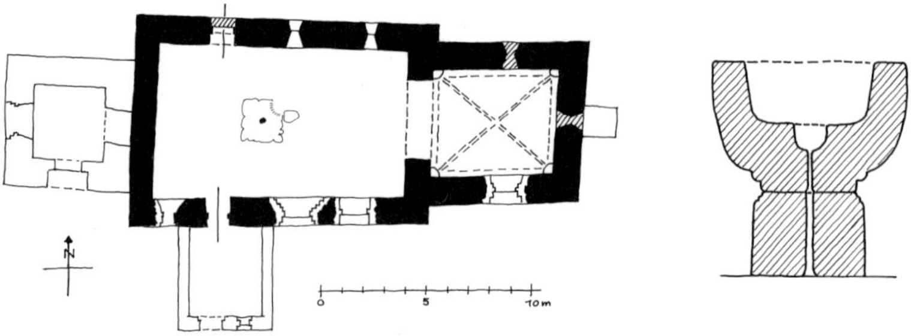

3 Großsolt, Grundriß der Kirche mit aufgefundenem Taufenfundament (Maßstab 1:400). Daneben: Schnitt durch die durchbohrte Steintaufe (1:50)

Der Standort der Taufe in der Kirche und ihre Gestalt

Wenn wir die Taufen auch als Zeugen der Landes- und Handelsgeschichte berufen können, so sind sie in erster Linie sakrale Gefäße. Wir bezeichnen heute unscharf mit dem Begriff Taufe sowohl die eigentliche Taufhandlung wie das Behältnis, an dem die Taufhandlung vollzogen wurde. Das Mittelalter unterschied genauer zwischen *baptismus* als dem eigentlichen Taufakt und *fons baptismalis* (wörtlich: Taufquelle), aus dem niederdeutsch *Fünte* wurde, als dem Taufbehältnis, das auch *baptisterium* genannt wurde. Die Taufhandlung hatte in der Liturgie ihren festen Platz, wie auch der tatsächliche Ort des Taufbehältnisses in der Kirche festgelegt war; die Taufe stand im Westteil der Kirche – ein Standort von symbolischer Bedeutung, denn die Taufe als erstes Sakrament bedeutete im übertragenen Sinne den Eintritt in die christliche Gemeinschaft, war die Pforte zum Heil und zu den anderen Sakramenten (nach dem Roskilder Synodalstatut von 1517, ähnlich auch die Formulierung im Schleswiger Statut von 1512). Tatsächlich versammelte sich zur Taufhandlung die Taufgesellschaft vor dem Kirchenportal, und hier wurde ein wesentlicher Teil des Rituals celebriert, während der eigentliche Akt der Taufe am Taufstein verhältnismäßig kurz verlief.

Die Weststellung der Taufe besteht heute nirgends mehr. Aber noch Ende des 19. Jahrhunderts beispielsweise stand in der Möllner Nikolaikirche die Taufe nahe dem Westende des Mittelschiffes, an gleicher Stelle auch in der Lübecker Marienkirche, bis sie 1942 ausbrannte, und noch heute steht sie dort, nur wenig seitlich verrückt, in der Lübecker Jakobikirche.

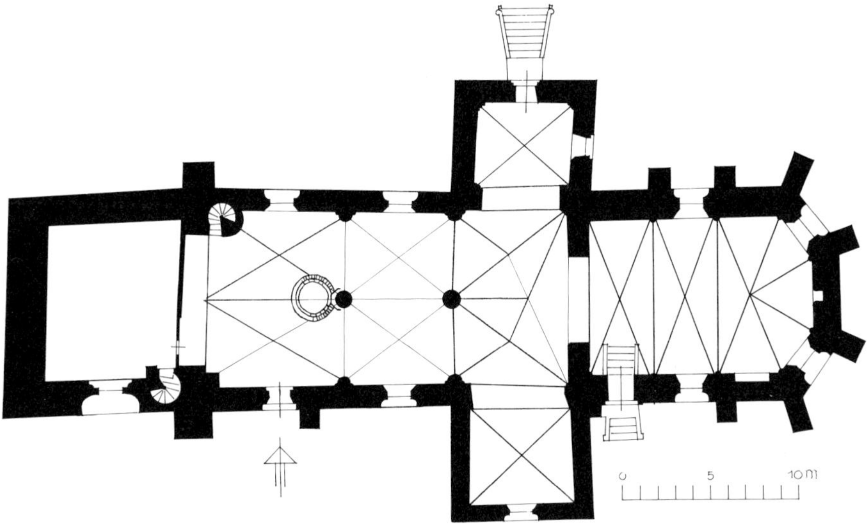

4 Grundriß der Kirche zu Garding mit aufgefundenem spätmittelalterlichem Taufenpostament. Maßstab 1:400

Wenigstens in zwei Kirchen ließ sich in jüngster Zeit der ursprüngliche Standort der Taufe genau ermitteln. Bei Bauarbeiten in der Kirche zu Groß-Solt fand man fast mitten in der Kirche eine zweimal zwei Meter große Platte aus Feldsteinmauerwerk mit einem runden Loch in der Mitte. Mörtelspuren ließen erkennen, daß sich die Platte in einem stufenförmigen Aufbau über dem Fußboden erhoben hatte. Zweifellos handelt es sich bei dieser Platte um den Rest des erhöhten Postaments für die Taufe. Das Loch in der Mitte diente dazu, das Taufwasser direkt in geweihten Boden ablassen zu können, und wie zur Bestätigung ist denn auch die granitene Taufe, die aus der Mitte des 13. Jahrhunderts stammt und noch heute in der Kirche Groß-Solt ihren Dienst tut, der Länge nach durchbohrt.

Auch in der Kirche zu Garding/Eiderstedt entdeckte man kürzlich ein in diesem Falle ringförmiges Taufenpostament aus Backstein mit einem Durchmesser von eineinviertel Metern. Ganz sicher ist dies nicht das Postament der Taufe, die zur Erstausstattung der Ende des 12. Jahrhunderts einschiffig errichteten Kirche gehörte, es gehört zu der Bauphase, als im Spätmittelalter die Kirche zweischiffig durchgebaut wurde, denn das Postament ist dem westlichen Schiffspfeiler hart angeschlossen. Wahrscheinlich hatte man damals das ältere Postament, das vermutlich weiter östlich inmitten der Kirche gestanden hatte, wegen des Umbaus aufgeben müssen. Doch zeigt uns gerade das Gardinger Beispiel, daß an dem Brauch, die Taufe im Westen aufzustellen, über Jahrhunderte festgehalten wurde. Denn nach mittelalterlichem Verständnis hatte jedes Ding innerhalb der Kirche, die als Abbild des christlichen Universums verstanden wurde, seinen festen Platz und bestimmte Bedeutung, selbst wenn wie hier Pfeiler und Taufe beengend nah zusammengerückt werden mußten. Da in Garding die mittelalterliche Taufe nicht erhalten ist, wissen wir nicht, ob auch sie zum Ablassen des Taufwassers durchbohrt war wie die Taufe in Groß-Solt. Bei einer Reihe von Taufen des 12. und 13. Jahrhunderts finden sich solche Wasserablässe, sind aber nicht die Regel.

Der Umgang mit dem Taufwasser war keine Frage von nebensächlicher Bedeutung. Ebenso wie bei anderen Religionen, die im heißen, wasserarmen Orient ihren Ursprung haben, spielt auch im Christentum der Wasserkult in der Taufhandlung eine bedeutende Rolle. Nur ein einziges Mal im Jahr wurde – und wird noch in der katholischen Kirche – das Taufwasser erneuert und feierlich geweiht, nämlich am Vorabend von Ostern oder Pfingsten, und damit in Beziehung gesetzt zur Auferstehung Christi. Die Reinhaltung des Wassers war daher ein dringliches Gebot – Bischof Lage Urne von Roskilde ordnete noch 1517 an, die Taufbecken seien von scheußlichem Gewürm freizuhalten, und so ergingen Vorschriften, die Taufen durch Deckel und Riegel zu verschließen. An sehr vielen unserer mittelalterlichen Taufen sind am oberen Beckenrand Spuren solcher Verschlüsse zu erkennen. Im Spätmittelalter kam auch der Brauch auf, die Taufe zu ihrem Schutze durch ein Gitter einzufassen und gegen den übrigen Kirchenraum abzusondern. Zusammen mit kegelförmigem Deckel und einschließlich der erhöhten Aufstellung mit umschließendem Gitter ist die Taufe von 1509 in der Möllner Nikolaikirche die einzige in Norddeutschland, die uns eine Vorstellung davon gibt, wie zu Ausgang des Mittelalters im idealen Falle die Taufe als Gesamtanlage beschaffen war.

Das alte bischöfliche Vorrecht zu taufen war zu der Zeit, als in Schleswig-Holstein die Kirchen gebaut wurden, längst zugunsten eines Taufrechts der Pfarrer aufgegeben worden und war Voraussetzung, daß die Pfarrkirchen mit Taufen ausgestattet werden konnten. So sehr sich die Taufen nach Typen und im einzelnen unterscheiden, in einer Eigenart stimmen fast alle überein, nämlich in der Größe der Taufbecken, die im Taufakt das gänzliche Eintauchen des Täuflings in vertikaler oder horizontaler Lage ins Wasser gestattete – die Erwachsenentaufe dürfte zu der Zeit, als die ersten Steintaufen in unsere Kirche kamen, nur noch die Ausnahme gewesen sein. Diese Taufart, lat. *immersio*, war im Mittelalter vorherrschend. So sind denn die Taufbecken groß und tief (die meisten Steintaufen und die Bronzetaufen) oder doch breitausladend (Namurer Steintaufen). Nur einige wenige Stein- und Bronzetaufen, z. B. die im Ratzeburger Dom von 1440, waren so klein, daß an ihnen der Taufakt nur durch Begießen des Körpers (lat. *infusio*) oder durch Besprengen (lat. *aspersio*) möglich gewesen sein kann, beides Taufarten, die allgemein etwa seit 1300 erlaubt waren. In der Agende von 1512 des letzten katholischen Bischofs von Schleswig *(liber agendarum ecclesie et diocesis*

5 Bronzetaufe von 1509 in der Kirche zu Mölln, mit Gitter und Deckel die einzige erhaltene mittelalterliche Anlage dieser Art im Lande

Sleswicensis), in dem ältere liturgische Rechte zusammengefaßt sind, wird darauf ausdrücklich nur bei der Nottaufe, die durch Besprengen auszuüben sei, eingegangen – war damit dieselbe Taufart bei der Normaltaufe als selbstverständlich vorausgesetzt? Und bezeugt die große Ausladung der Becken auch jüngerer Taufen vielleicht nichts weiter als das Weiterführen einer überlieferten Form? Über den wirklich gepflogenen Taufritus am jeweiligen Ort sagen die doch überwiegend importierten Taufen, ausgenommen die mit kleinem Becken, nichts aus. Tatsächlich geben die *Taufformulare* der Bistümer unterschiedliche Anweisungen. Einen Hinweis auf unterschiedliche Taufgepflogenheiten enthält des Reformators Bugenhagen Sendbrief von 1539 an die dänischen Bischöfe, in dem er berichtet, er habe in Hamburg wie in Kopenhagen im Gegensatz sonst zu Deutschland beobachtet, daß die Kinder nur durch Begießen des Kopfes getauft würden, was er verurteilte.

Die hohe Bedeutung, die der Taufe als erstes Sakrament zukam, fand ihren äußeren Ausdruck nicht nur durch die festgelegte Stellung des Taufgefäßes in der Kirche, sondern auch durch seine Gestaltung. In dem gut dreihundertjährigen Zeitraum vom Ende des 12. bis Anfang des 16. Jahrhunderts, den wir für die mittelalterlichen Taufen überblicken, war für Steinbildhauer und Gießer immer wieder die Aufgabe gestellt, im Taufgefäß zweckbedingte Gestalt und theologische Aussage zu vereinen. Das konnte – war einmal eine prägnante Form gewonnen – zu wenig variierten Typen führen wie bei bestimmten Arten importierter Taufen aus Gotland und Namur, die aus exportorientierten Werkstätten stammten, aber über den ganzen Zeitraum gesehen zu einer erstaunlichen Formenvielfalt. Sowohl ganz schlichte, nur architektonisch akzentuierte Taufen kommen vor wie solche, die ornamental geschmückt waren oder szenische Darstellungen aufwiesen oder einzelne figurale Motive. Trotz aller Unterschiede sind zeittypische Gemeinsamkeiten zu erkennen, die hier im einzelnen betrachtet werden sollen.

Steintaufen

Aus der reichen Produktion gotländischer Steintaufen sind zwei nach Schleswig-Holstein gelangt, die anders als die hier sonst üblichen gotländischen Taufen gestaltet sind. Es handelt sich um die Taufen in Sörup und Borby (Eckernförde), die beide Anfang des 13. Jahrhunderts entstanden sind und nach J. Roosval aus der Werkstatt des sog. Meisters Calcarius stammen; Calcarius gehört zum Umkreis des Meisters Sighraf, von dem ein Taufenfuß in der Möllner Nikolaikirche steht. Die Grundform beider Taufen ist gleich. Die Taufe besteht aus einem würfelförmigen Fuß, der mit einem Ringwulst abschließt und zum eigentlichen Becken, der Kuppa, überleitet. Die Kuppa, zunächst trichterförmig ansteigend, hat die Gestalt einer Trommel. Alle Flächen an Fuß und Becken sind, kaum eine freie Fläche lassend, ausgefüllt durch das Relief meist figürlicher Darstellungen; die schräge Unterseite des Beckenrandes ist geschuppt und bei der Söruper Taufe um vier Vögel, die sich an der Unterseite konsolartig festklammern und über den Ecken des Sockels angeordnet sind, bereichert. Die szenischen Reliefs an den Becken werden charakterisiert durch das Nebeneinander scharf umrissener, meist im Profil wiedergegebener Gestalten von statuarischer Strenge und deutlichem Ausdruck der Gebärden.

Für die älteren gotländischen Taufen und die ihnen verwandten auf dem schwedischen Festland sind szenische und aufeinanderbezogene Darstellungen typisch, kommen aber in Schleswig-Holstein nur bei diesen beiden Taufen und wenigen anderen vor. Die Szenen am Söruper Becken stellen dar: 1. Die Heiligen Drei Könige reitend, eine Darstellung, die auch an der Borbyer Taufe fast die Hälfte des Beckenrundes einnimmt, 2. Anbetung der Heiligen Drei Könige, 3. Kreuzigung Christi, 4. Gefangennahme Christi, 5. Bethlehemitischer Kindermord. Es fällt sofort auf, daß, wo auch immer man zu lesen anfängt, die zeitliche Abfolge der Szenen falsch ist, sie wäre richtig in der Reihenfolge: 1, 2, 5, 4, 3. Es kann sich hier also nicht um eine abgekürzte Darstellung der Lebensgeschichte Jesu mit Betonung seiner Geburtsgeschichte handeln.

Der Schlüssel zum Verständnis dieser Szenen wird in den Spekulationen scholastischer Theologie zu suchen sein. In früheren Zeiten, da die Kindtaufe nicht die Regel sein konnte, die meisten Menschen erst als Erwachsene getauft wurden, spielte die Frage eine wesentliche Rolle, wie es um das Seelenheil derjenigen stünde, die zwar taufwillig seien, aber vor der Taufe verstürben oder um ihres Glaubens willen getötet würden? Die scholastische Theologie hat seit Augustin die Fragen um die Taufe immer wieder erörtert, und man unterschied drei Möglichkeiten der Taufe: *baptismus aquae,* die Wassertaufe; *baptismus sanguinis,* die Bluttaufe; und *baptismus flaminis scilicet spiritus sancti sive poenitentiae,* die sog. Begiertaufe, der aus reinem Geiste oder aus Reue begehrten Taufe. Wenngleich auch diese begriffliche und in der katholischen Kirche noch heute gültige Fixierung erst von Thomas von Aquin (1225–1274) stammt, kann kaum zweifelhaft sein, daß sich die

6 Gotländische Steintaufe in der Kirche zu Sörup, Anfang 13. Jahrhundert. Am Beckenrand sind die Hl. Drei Könige auf dem Ritt nach Bethlehem dargestellt

7 Gotländische Steintaufe in der Kirche zu Borby, Anfang 13. Jahrhundert. Am Beckenrand die Anbetung der Hl. Drei Könige und Christi Geburt

Darstellungen an der Söruper Taufe um dieses Thema bewegen. Freilich ist es nicht direkt angesprochen, denn nach mittelalterlicher gelehrter Schriftauslegung, die hinter dem eigentlichen Sinn einen verborgenen suchte, versteckt es sich hinter Bildern, denen eine zweite Bedeutung unterlegt wurde: Die Wassertaufe wird durch das Taufgefäß in seiner Ganzheit verkörpert, die Begiertaufe durch die Heiligen Drei Könige versinnbildlicht, die als *Katechumenen,* als Anwärter auf die Taufe, zu Christus eilen, während die Bluttaufe durch den bethlehemischen Kindermord ausgedrückt wird. Die Darstellung der Kreuzigung Christi steht in engster Beziehung zur Bluttaufe, denn nach dem *liber de re baptismate* entsprang das Blut zur Bluttaufe aus der Seitenwunde Christi, und die nicht ganz leicht einzuordnende Gefangennahme Christi kann als freiwillige Unterwerfung Christi unter den Willen Gottes verstanden und damit in engstem Zusammenhang mit der Taufhandlung gesehen werden.

Auch die Darstellungen an der Borbyer Taufe zielen in die gleiche Richtung. Die hier fehlende Bluttaufe in der Darstellung des Kindermordes ist ersetzt durch die Szene, in der Christus die Urväter aus der Hölle erlöst, Szenen, die sich inhaltlich näherstehen als es scheint, denn in beiden Fällen ist die Erlösung Unschuldiger das Thema. Natürlich ist diese Themenkombination keine Besonderheit nur gotländischer Taufen; sie findet sich z. B. auch an westfälischen Taufen (Aplerbek).

Aufeinanderbezogene Darstellung freilich ganz anderer Art haben auch die Steintaufen in Husby und Havetoft, aber nur die zu Sterup mit ihren Szenen hält sich trotz primitiver Darstellungsweise nach Gliederung und Inhalt eng an die Taufen in Sörup und Borby, doch bleibt unsicher, ob sie einheimischer oder etwa seeländischer Herkunft ist.

Die Darstellung auf den Taufsockeln, eingerahmt durch fast vollplastische Eckfiguren in Gestalt von Heiligen oder Unholden, sind als Vorstufe zu dem Thema der Heilserwartung in den Bildern auf den Becken zu verstehen. Durch die Gegenüberstellung einzelner Figuren und bildlicher Symbole spiegelt sich der noch unentschiedene Kampf zwischen den Mächten des Guten und des Bösen. Ein Löwe kämpft mit zwei Drachen oder zwischen einem segnenden Heiligen und einem Dämon trinkt ein Vogel aus einem Kelch, der Quelle des Heils.

Darstellungen dieser Art führen zu zwei Granittaufen, an denen das hier angerührte Thema zum eigentlichen Thema der ganzen Taufe erhoben wurde. Gemeint sind die Granittaufen zu St. Johannis in Nieblum auf Föhr und in Munkbrarup, beide in der Zeit um 1200 entstanden und zu den bedeutendsten Schöpfungen zählend, die der nordische Kulturkreis hervorgebracht hat. Statt mehrerer Szenen wie an den Becken der Gotländer Taufen, die alle zusammen erst den eigentlichen Sinn ergeben, ist an beiden Taufen das Thema der Darstellung auf eine (Munkbrarup) oder zwei (Nieblum) Hauptszenen beschränkt und besonders an der Nieblumer Taufe in knappste Form gebracht. Eben diese Beschränkung gestattete eine bewegte großfigurige Komposition von archaischer Strenge, die in formaler Kühnheit über die architektonische Struktur der Taufen hinausgreift. Der dreiteilige Aufbau aus Sockel, eingezogenem und durch eine Arkadenfolge gebildetem Schaft und hohem glattwandigen Becken ist nur an der Munkbraruper klar ausgebildet;

8 Granitene Taufe in der Kirche zu Munkbrarup, um 1200 entstanden

der Nieblumer sieht man die Mühe an, die es gekostet hatte, dem unregelmäßigen Steinblock eine gestaltete Form abzuringen.

An beiden Taufen sind Löwenkampfszenen dargestellt. In Nieblum hat ein schlangenschwänziger Löwe einen Mann, der sich in letzter Not an einem Baum festklammert, fast gänzlich verschlungen; ihm eilt mit erhobenem Schwert ein Mann zu Hilfe. In einer zweiten Darstellung, der ersten gegen-

9 Granittaufe in der Johanneskirche in Nieblum auf Föhr, um 1200

über, packen zwei spiegelbildlich hockende Löwen mit ihren Pranken einen Mann, der rittlings auf einem Untier sitzt. An der reicher und feiner gearbeiteten Munkbraruper Taufe umklammert ein anspringender Löwe einen Mann, der jenem das Schwert in die Brust stößt, zwei Männer eilen ihm zu Hilfe. Daneben sitzt unter einer doppelten Bogenstellung ein König mit Schwert als Attribut, seitlich davon bläst ein Bewaffneter ins Horn, Bäume deuten Landschaft an.

Solche Darstellungen von Tieren und Tierkämpfen sind zu der Zeit weder an Taufen noch an Kirchen ungewöhnlich. Sie kommen vor an den Taufen in Husby, Groß-Solt und Westerland, außerdem an mehreren Taufen in Nordschleswig, vor allem aber an Taufen einer den von Munkbrarup und Nieblum eng verwandten Gruppe in Dänemark und darüber hinaus an einer Reihe von Kirchen, denen sie als Bauplastik fest verbunden sind.

Diese weitverbreiteten Tierdarstellungen, in unserem Raum z. T. über die Lombardei vermittelt, erklären sich aus der Einschätzung, die dem Tier als Gleichnis für das Gute und Böse besonders im 12., aber noch im 13. Jahrhundert zugemessen wurde. Vor allem die Portale und die Taufen waren bevorzugte Stellen, in Gleichnissen zu reden, denn hier lag die Grenze zwischen der von den Mächten des Bösen bedrohten Außenwelt und dem geweihten Kirchenraum, wie ebenso der Täufling durch das Sakrament der Taufe die Grenze von der Gefährdung zum Seelenheil durchschritt. Diesen Tierdarstellungen liegen literarische Quellen zugrunde, in erster Linie Psalmen und die weitverbreitete Sammlung von Tierfabeln und Tierbeschreibungen des *Physiologus,* einer naturgeschichtlich-religiösen Schrift des 4. Jahrhunderts, die in späteren Abschriften auch thematisch erweitert und illustriert wurde. Für die bildliche Wiedergabe einer Psalmenstelle *(91 V. 13)* über den rechten Weg des Christen sind die Darstellungen eines Löwen, Basilisken und Drachen neben zwei Lebensbäumen auf dem Taufenfuß in Husby ein bezeichnendes Beispiel: *Super aspidem et basiliscum ambulabis et conculcabis leonem et draco-*

10 Becken der Granittaufe in der Kirche zu Husby, um 1200

11 Granittaufe in der Kirche zu Grundhof, 12. Jahrhundert. Aus Jütland eingeführt

nem (über Schlange und Basilisk wirst Du schreiten und niedertreten Löwen und Drachen). Auch den Kampfszenen an den Taufen in Nieblum und Munkbrarup, die die Gefährdung des Menschen durch dunkle Mächte zum Inhalt haben, liegen Psalmenworte zugrunde, etwa: *Deus in adiutorium meum intende (Herr, nimm mich in Deinen Schutz)*, oder für die Szene des fast gänzlich vom Löwen verschlungenen Mannes, der sich in höchster Not an einem Baum, das ewige Leben symbolisierend, festklammert: *ex ore leonis libera me Domine (Herr, befreie mich aus dem Rachen des Löwen).*

Figürliches ist sonst an den Granittaufen in Schleswig-Holstein die Ausnahme. Zu dieser zählt die Taufe in Husby mit einem Bildprogramm, in dem wiederum das Thema der Gefährdung durch *luxuria,* die Wollust, und den Sündenfall angeschlagen, im ganzen aber schwer zu deuten ist und vielleicht auch nicht gedeutet werden kann. Nicht immer lassen sich bildliche Darstellungen aus einer Textstelle erklären. Bildmotive mögen häufig ihren eigenen Weg gegangen sein, ohne daß sie auf dem Boden einer Textstelle stünden. Die Eindrücklichkeit der bildnerischen Gestaltung der Taufe liegt bei aller Roheit der Darstellung in einem anderen Bereich, den viele dieser Granittaufen auszeichnet, im Ornamentalen. Man vermag hier kaum zu unterscheiden zwischen dem, was figürlich, vegetabilisch oder architektonisch ist, alles scheint wie aus demselben Bandmuster gewirkt. Westliche Formvorstellungen und nordische Fabulierlust am Verschlingen und Verknoten sind hier eine Verbindung eingegangen, für die freilich im skandinavischen Raum noch eindrücklichere Beispiele zu finden sind.

Gänzlich auf bildliche Darstellungen verzichtet eine umfangreiche Gruppe von Granittaufen des 12. und 13. Jahrhunderts, die überwiegend in Nordschleswig beheimatet ist. Ihre Beckenwand ist ganz oder teilweise mit Ranken geschmückt. Bemerkenswerte Vertreter dieser Gruppe sind die Taufen in Hürup und Grundhof, die sicher aus dem Djursland (auf Jütland zwischen Randersfjord und der Bucht von Aarhus) eingeführt worden sind. Diese Ranken meinen im ursprünglichen Sinne den Lebensbaum, den *arbor vitae,* ein uraltes christliches Symbol. Er erwächst aus der Paradiesquelle, die als Gottes Wort oder Wirken gedeutet und deren Kraft durch den Lebensbaum versinnbildlicht wurde. Die Ranken an der Taufe darzustellen, war besonders sinnfällig, denn sie vertrat symbolisch die Paradiesesquelle selbst. Das göttliche Wesen der Ranken wird an der Taufe in Leck recht anschaulich gemacht; sie entwachsen hier dem Munde eines Christuskopfes. Dennoch dürfte das Rankenmotiv, wie es so dekorativ an den Taufen in Grundhof und Hürup verwendet wurde, im Laufe der Zeit seine eigene bildliche Überlieferung entwickelt haben, die ohne direkte Beziehung zur Schriftquelle auskommt.

Weitaus die meisten importierten gotländischen Kalksteintaufen verzichten ganz oder fast ganz auf figürlichen Schmuck und sind auch die jüngsten; ihre Fertigung setzt nach 1200 ein und reicht bis ins 14. Jahrhundert. In ihrer Grundgestalt gleichen sie einander. Auf einem runden, konkav ansteigenden Sockel, der meist mit einem Wulst endet, ruht das kelchförmige Becken ungefähr von der Gestalt einer unten abgeflachten Halbkugel. Die Wandung der Kuppa wird von einer Gliederung überspannt, die man mit einer Folge rundbogiger Arkaden vergleichen könnte und zwischen deren Stützen die Wandung wie gebläht hervorquillt; tatsächlich aber sind diese Stützen gespitzte Stege, deren Herkunft nicht aus architektonischem Formenbereich abgeleitet werden kann. Varianten dieses Taufentyps, deren größte einen Durchmesser von 110 cm und eine Höhe bis 118 cm haben, besitzen einen vierpaßförmigen Grundriß oder auch eine Gliederung am Sockel gleich der am Becken oder auch zusätzlich vier Köpfe an der Wandung.

Der schwedische Forscher Oscar Reutersvärd, der für diese Gruppe die Benennung *Paradiesfünte* einführte, hat nachgewiesen, daß diese Taufen in ihrer bezeichnenden Form, die einem aus schwellenden Zungen gebildeten Kelch gleicht, auf das uralte und aus orientalischen Kultbereichen hervorge-

12 Gotländische Taufe aus dem 13. Jahrhundert in der Kirche zu Burg auf Fehmarn

gangene Motiv der Paradiesvase zurückgehen. Diese galt seit jeher als ein Behältnis für magisches oder geheiligtes Wasser und erfuhr in christlicher Zeit eine Umdeutung als Quelle des Paradieses, aus der vier Flüsse das Wasser in der Welt verbreiten *(Schöpfungsgeschichte Mose 2,6; 2,10)*. Als Symbol der Paradiesquelle ist die Paradiesvase von frühchristlicher Zeit bis in die Zeit der Gotik nachzuweisen. Ihre spätere Übertragung auf die Gestalt

13 Gotländische Taufe aus dem 13. Jahrhundert in der Kirche zu Haddeby

der Taufe im 12. und 13. Jahrhundert hat ihren Grund in dem seinsgeschichtlichen Verständnis der Hochscholastik vom Universum, die die materielle Welt als eine heilige Schöpfung deutete. Darin spiegelten der Mythos vom Paradies als Zeichen göttlichen Wirkens und der Wasserkult eine bedeutende Rolle. Vom Paradies verästelte sich das Wasser in die Welt bis in die fernsten Punkte, die Taufen, die ihrerseits den Paradiesquell symbolisieren. Die Auffassung galt das ganze Mittelalter hindurch und wird nicht nur ganz

14 Gotländische Taufe aus dem 14. Jahrhundert in der Kirche zu Hamberge

allgemein gestützt durch die mittelalterliche Benennung des Taufgefäßes als *fons* = Quelle, sondern auch durch die Taufriten z. B. nach dem Schleswiger Agendenbuch, dem *liber agendarum* . . . von 1512, die bei der Konsekration des Taufwassers das Versprengen in die vier Himmelsrichtungen vorschrieben: Der Priester *versprengt das Wasser in derselben Weise außerhalb der Taufe erstens nach Osten, zweitens nach Westen, drittens nach Norden, viertens nach Süden,* und diese Handlung wird von dem Hymnus begleitet: *. . . Ich segne Dich, Kreatur Wasser durch . . . Gott, der Dich vom Ursprung an durch das Wort von dem trockenen Lande schied und Dir befohlen hat, vom Paradies auszuströmen und in vier Flüssen die ganze Erde zu bewässern.*

15 Sandsteintaufe vermutlich westfälischer Herkunft aus dem zweiten Viertel des 13. Jahrhunderts in der Bartholomäuskirche in Wesselburen. Die Wandung der Kuppa ist nachträglich abgemeißelt worden

Späteren Taufen dieser Gruppe, die bis ins 14. Jahrhundert datieren, ist die formgeschichtliche Herkunft aus dem Motiv der Paradiesvase nicht mehr anzusehen. Eine Verfestigung ins Architektonische tritt ein, aus rundbogigen Stegen werden spitzbogige im Sinne gotischer Architekturglieder oder gar dreipaßförmige, kombiniert mit dekorativen Elementen.

Reutersvärd vermutet, daß die Gliederung dieser bildlosen Taufen von abstrakter architektonischer Gestalt in bestimmten Zahlenverhältnissen von vier, acht, zwölf, sechzehn magische Bedeutung habe, wie etwa die Vierpaßteilung hinweisen soll auf die Vierteilung der Erde durch die Paradiesströme. Personifizierungen der Paradiesströme lassen sich jedoch in Schleswig-Holstein nur an der Taufe in der Bartholomäuskirche in Wesselburen nachwei-

16 Ausschnitt aus der Sandsteintaufe in der Kirche zu Wesselburen. Schriftrolle und Fisch charakterisieren die Gestalt als Künder des Evangeliums und Symbol der Paradiesquelle

sen, auf deren Bedeutung Ernst Schlee hingewiesen hat. Diese mächtige Taufe aus gelblichem Sandstein westfälischer Herkunft, im zweiten Viertel des 13. Jahrhunderts geschaffen, hat leider an der senkrechten Wandung des runden Beckens ihren plastischen Schmuck verloren, doch an der schrägen Unterseite des Beckens ist er erhalten geblieben. Dort hocken in frontaler Stellung zwischen Tieren und Blattmotiven, sehr betont über den Ecken des viereckigen Sockels plaziert und ihrer Funktion nach eigentlich Trägerfiguren des Beckens, vier männliche Gestalten mit halbentblößter Brust, die mit erhobenen Händen Schriftrolle und Fisch halten. Sie sind damit nach typologischer Auslegung der Heiligen Schrift zugleich als Wasserwesen (Fisch und entblößte Brust) und Künder des Evangeliums (Schriftrolle) charakterisiert, denn wie mit der Paradiesquelle auch Christus gemeint war, verglich man die vier Flüsse des Paradieses mit den vier Evangelien, die von Christus ausgingen. Es gibt nur wenige Taufen insgesamt, deren Trägerfiguren eindeutig die Paradiesesströme personifizieren, wie etwa die an den Bronzetaufen im Hildesheimer Dom und in der Rostocker Marienkirche, die zugleich die Kardinaltugenden bzw. die vier Elemente verkörpern, aber nirgends ist es gelungen, der rituellen Gleichsetzung des Taufwassers mit den Paradiesflüssen und dem Versprengen des Wassers in die vier Himmelsrichtungen bei der Konsekration sowie der gleichzeitigen Deutung der Paradiesflüsse als Evangelien sinnfälligeren Ausdruck zu geben als an der Wesselburener Taufe: Dem alten Motiv der Trägerfigur ist durch die hockenden Männchen mit den Symbolen des Fisches und des Buches neue Bedeutung verliehen worden.

17 Taufe aus Namurer Blaustein in der Kirche zu Ockholm, 14. Jahrhundert

Daß sonst Trägerfiguren an Taufen, die besonders häufig an Bronzetaufen in Viererzahl vorkommen oder Köpfe an den Kuppen gotländischer oder Namurer Taufen, als personifizierte Paradiesströme zu deuten sind, ist vielfach angenommen worden, aber nicht zu beweisen, denn es fehlen alle kennzeichnenden Merkmale.

Der Verzicht auf Bildschmuck, besonders figürlichen, an den gotländischen Paradiesfünten ist nach Reutersvärd nicht zufällig. Zwar gibt es noch im 13. Jahrhundert Taufen, deren Bildwelt die Gefährdung des Menschen zum Thema hat oder belehren will, aber sie gehören Typen an, deren Wurzeln ins 12. Jahrhundert zurückreichen. Was sich im 13. Jahrhundert an

18 Kopf am Bekkenrand der Namurer Blausteintaufe in der Kirche zu Ülvesbüll, 14. Jahrhundert

neuen Typen entwickelt, ist im Symbolismus abstrakter und mehr auf die Gestalt der Taufe selbst bezogen und verzichtet daher z. T. gänzlich auf Bildschmuck.

Zu diesem Taufentyp zählen die Namurer Taufen aus blauschwarzem Marmor, die überwiegend in Nordfriesland anzutreffen sind. Die beiden ältesten aus der Zeit um 1200 in Hoyer und Ballum bei Tondern vertreten einen Typ, der noch bildliche Darstellungen gefahrenabwehrenden Charakters aufweist und mit mächtiger Mittelsäule und vier schlankeren Eckstützen unter dem ausladenden Becken eine ganz andere Struktur besitzt als die jüngeren, die in unserem Bereich vorkommen. Doch verbindet beide vielfach das Motiv von vier vollplastischen Köpfen am oberen Kupparand, die starren, abwehrenden Blicks von der Taufe wegschauen, ein Motiv, das lange Zeit tradiert wurde. Bei einer jüngeren Namurer Taufe (Witzwort) sind diese Köpfe zu Applikationen geschrumpft. Ähnlich den Gotländer Paradiesfünten liegt diesen jüngeren Namurer Taufen ein bestimmtes architektonisches Schema zugrunde. Über einem schwach ausgebildeten Sockel trägt ein achteckiger Säulenstumpf ein breit ausladendes Becken von gleichem Grundriß mit kräftig betontem Gesims; die Eckköpfe sind durch Auskröpfungen im Kuppagesims der Architektur fest verbunden. Die Taufen zu Ülvesbüll,

Ockholm, Kotzenbüll, Süderstapel und andere gehören diesem Typ an und dürften noch ins 14. Jahrhundert datieren. Bei diesen Taufen ist ähnlich den Paradiestaufen der Schritt zur – fast – bildlosen architektonischen Form vollzogen, und es ist reizvoll, beide Typen miteinander zu vergleichen: Beide sind in ihrer Art vollkommen und auf knappste Form gebracht, doch die gotländischen haben plastische, schwellende, in Kurven schwingende Formen, die Namurer sind vieleckig geflächte Körper mit scharf geschnittenen Profilen; in der Architektur des 13. und 14. Jahrhunderts wird man vergleichbare Unterschiede bemerken. Die Namurer Taufen des Spätmittelalters behalten die Grundform der älteren bei, aber die strenge Form ist aufgelöst durch das rhythmische Übereinander variierter Gesimsformen, vergleichbar mit der Form vieler spätgotischer Altarleuchter in schleswig-holsteinischen Kirchen.

19 Spätmittelalterliche Blausteintaufe in der evang.-luth. Kirche in Friedrichstadt

Bronzetaufen aus dem 13. und 14. Jahrhundert

Zu den bildlosen, nur formbestimmten Taufen zählt unter den älteren mittelalterlichen Taufen eine Anzahl von Bronzetaufen im südwestlichen Holstein, die zu einer beiderseits der Elbe bis Lüneburg verbreiteten Gruppe gehören. Diese Zuordnung beruht vielleicht auf einer bloßen Zufälligkeit, denn die Gießer dieser Taufen waren offenbar einfache Grapen- oder Glokkengießer, denen künstlerische Ambitionen fernlagen und deren Tätigkeit an keine Gilde gebunden war. Andererseits können wir nicht ausschließen, daß die neuen Vorstellungen von der Gestalt einer Taufe die Ausbreitung solcher Taufen aus Bronze gefördert hat. Die älteren Taufen in Eddelak, Tellingstedt und Nienstedten, um 1200 entstanden, haben fast schmucklose Becken in Gestalt vergrößerter Grapen und stehen auf drei einfachen Stützen, deren Fußpunkte als Tatzen ausgebildet sind. Lediglich an der Nienstedter Taufe ist der beschwörende Spruch: *SIT FONS VIVUS AQUA REGENERANS UNDA PURIFICANS (es sei diese Quelle lebenspendend, das Wasser erneuernd und die Woge reinigend)* zu lesen, der Bestandteil der Weihformel des Taufwassers war.

Die Taufen aus der zweiten Hälfte des 13. Jahrhunderts (Meldorf und Hemmingstedt, letztere im Germanischen Museum in Nürnberg) sind ähnlich schlicht, doch ihre Stützen sind menschliche Gestalten. Varianten dieses Typs bilden die Taufen zu Büsum, denn ihre Tragfiguren stehen auf einem Bodenring, der den Taufen auch optisch architektonische Festigkeit verleiht. Ihren Kesselwänden ist außerdem sparsam Bildschmuck appliziert. In Delve zweimal die Kreuzigungsgruppe, Maria mit dem Kind, Heiliger mit Schwert, ein knieender Geistlicher und mehrmals Christus lehrend umgeben von Evangelistensymbolen; ähnlich die Darstellungen an der Taufe in Büsum, ergänzt um den alle Zweifel ausschließenden Spruch: *QUI BAPTIZATUR HOC SACRO FONTE LAVATUR/MUNDUS LAB (ATUR) ET CATHOLICUS REPUTATUR (wer durch diese heilige Quelle getauft wird, wird gereinigt werden, die Welt wird untergehen, doch der Getaufte wird als Rechtgläubiger gelten).* Für diese Art Bronzetaufen ist die Verwendung reproduzierbarer Formen unterschiedlicher Herkunft und Qualität für den Bildschmuck oder die Stützen kennzeichnend, so daß an derselben Taufe dasselbe Bildmotiv mehrfach vorkommt oder gar an anderen Taufen wiederverwendet wird. So sind beispielsweise die Trägerfiguren der Taufen in Delve, in Hittfeld und in Schneverdingen (Kreis Soltau-Fallingbostel, Niedersachsen) fast identisch. Die Reproduktion gleicher Formen geschah freilich auf verschiedene Weise und gestattete gewisse Variationen.

Die jüngeren Taufen dieses Typs halten sich eng an das Muster der älteren und variieren nur geringfügig. Im 14. Jahrhundert besteht sowohl der Bodenringtyp weiter wie auch der zukunftsträchtigere Drei- oder Vierständertyp ohne Bodenring, deren Träger meist barfüßige Männer in halblangen Gewändern oder Knappen sind. Der Bildschmuck, wiederum gekennzeichnet durch die mehrfache Wiederholung derselben Form an derselben Taufe, ist sparsam

20 Bronzetaufe in der Kirche zu Eddelak, 13. Jahrhundert

21 Bronzetaufe mit Bodenring in der Kirche zu Büsum, 13. Jahrhundert

angebracht und oft wegen der Kleinheit der Form nur bei nächster Betrachtung erkennbar; häufig sind zeitgenössische Münzen oder Abdrücke davon eingegossen wie auch schon bei den älteren Taufen dieses Typs. Das Bildprogramm bleibt im wesentlichen unverändert. An Inschriften kommt der schon von der Taufe in Büsum bekannte Hexameter *(wer getauft wird ...)* an der Taufe in Marne wieder vor, an den Taufen zu Kellinghusen (1929 verbrannt) und Bramstedt der englische Gruß: *AVE MARIA ...*, an der Taufe in Rendsburg der Anfang des apostolischen Glaubensbekenntnisses: *CREDO IN DEUM OMNIPOTENTEN CREATOREM CELI (ich glaube an Gott, den Allmächtigen, Schöpfer des Himmels ...)* als Bestandteil der Taufliturgie. Für die Taufe in Beidenfleth ist das Gießjahr 1345 inschriftlich bezeugt, ebenso an der fast schmucklosen Taufe zu Bovenau, vermutlich als 1375 zu lesen. Erstmals an den Taufen in Sieck und Rendsburg tritt der Stifter inschriftlich (in Rendsburg nicht lesbar) aus der Anonymität heraus, in Sieck zusätzlich der Gießer, Magister (Meister) Gherard, der auch die Taufe von 1357 in Schönberg/Mecklenburg gegossen hat.

Dieses etwas einförmige Bild von Taufen handwerklicher Qualität wird aufgehellt durch das Auftreten eines Wanderkünstlers, der an der südlichen Ostseeküste seine Spuren hinterlassen hat: Johannes Apengeter. Seine Tätigkeit hier fiel in die Jahre zwischen 1327 und 1344. 1327 goß er in Kolberg einen siebenarmigen Bronzeleuchter, in Rostock 1331 die städtischen Scheffelmaße, in Lübeck, wo er von 1332–44 ansässig war, 1337 die Taufe in der Marienkirche und 1344 die Taufe in der Kieler Nikolaikirche. Von dort führt sein Weg wieder zurück in die Harzgegend, wo weitere Güsse bezeugt sind,

22 Bronzetaufe von 1337 in der Lübecker Marienkirche, ein Werk Johannes Apengeters. Die Taufe gehört zu den wenigen Ausstattungsstücken, die den Brand der Kirche 1942 überstanden haben

denn er kam, wie in der Lübecker Marienkirche zu lesen ist, „van Sassenlant". Wertet man die Taufe in der Wismarer Marienkirche mit einiger Wahrscheinlichkeit auch als ein Werk Apengeters, so stammten in Norddeutschland drei Taufen aus seiner Hand. Wesentliche Unterschiede in Stil und künstlerischem Wert zwischen diesen Taufen beweisen wohl, daß Apengeter nur Gießer war, nicht aber auch Entwerfer und Modelleur.

Die Kieler Taufe ist nach künstlerischem Rang und theologischer Aussage seine beste Leistung. Von vier sitzenden, prankenschlagenden Löwen getragen, ist der konische Taufkessel durch drei Bänder in zwei Bildstreifen geteilt, die im Hochrelief Szenen aus dem Marienleben und der Passion Christi von der Verkündigung an Maria bis zur Kreuzigung in der damals ungewöhnlichen Auslegung als Andachtsbild enthalten. Die rhythmische Gliederung der

23 Bronzetaufe von 1344 in der Kieler Nikolaikirche, ebenfalls ein Werk Johannes Apengeters

Wandung durch Arkaden, wie sie für die Lübecker und Wismarer Taufen bestimmend sind, ist zugunsten unterschiedlichen Platzbedarfs für die einzelnen Szenen, die lediglich durch kleine Strebepfeiler in unregelmäßigem Abstand voneinander getrennt werden, aufgegeben, war aber um den Preis einer fehlenden strengen Architekturgliederung erkauft: Offensichtlich hat man darauf Wert gelegt, die einzelnen Szenen in sich zusammenhängend darzustellen und jede als einzelnes Ereignis besonders zu würdigen. Umgekehrt hatte es an der Lübecker Taufe Mühe gemacht, mehrfigurige Szenen in das architektonische Schema einzupassen. Auf dem mittleren Band weisen Wappen, z. T. unausgefüllt, Kieler Geschlechter als Stifter aus, das obere Band enthält die Stiftungsinschrift, in der Johannes Apengeter als Gießer genannt ist.

24 Bronzetaufe von 1290 in der Rostocker Marienkirche, Vorbild der Bronzetaufen in der Lübecker Marienkirche und der Kieler Nikolaikirche

Zweifellos hat Apengeter den ersten monumentalen Bronzeguß im ganzen Ostseeraum, die Taufe von 1290 in der Rostocker Marienkirche, aufmerksam betrachtet, als er dort für den Rostocker Rat tätig war. Denn alle drei Taufen Apengeters stehen augenscheinlich unter dem Einfluß des Rostocker Werkes. Nicht nur im Formalen allein – Teilung der Kesselwand durch drei Bänder in zwei Geschosse und ihre Gliederung in Arkaden, die nur in Kiel fehlen,

Blattfries am unteren Beckenrand –, sondern auch im Inhaltlichen bestehen Übereinstimmungen.

Entspricht die Rostocker Taufe in ihrem dreiteiligen Aufbau mit Tragfiguren, Kessel und Deckel und den Darstellungen daran nach der Deutung von Gottfried Holtz den Abschnitten des Glaubensbekenntnisses in der Fassung des Nicaeo-Constantinopolitanischen Konzils, dessen Verwendung hier einen auch sonst nachweisbaren Einfluß ostkirchlicher Theologie anzeige, so ist an der Lübecker und Wismarer Taufe dasselbe Thema in stark geraffter Form und nur auf das Taufbecken selbst beschränkt dargestellt und in Auswahl und Anordnung der Szenen an beiden Taufen fast identisch wiedergegeben. Jedoch muß die theologische Quelle eine andere gewesen sein, wohl das apostolische Glaubensbekenntnis, denn das nicänische Bekenntnis kennt die hier dargestellte Höllenfahrt nicht.

Obwohl die Kieler Taufe der Rostocker formal am fernsten steht, hält sie sich in ihrer Ausführlichkeit eng an die Darstellungen zum mittleren Teil des Glaubensbekenntnisses am Rostocker Taufkessel, sie übernimmt 15 von 19 Szenen und fügt hinzu den Hl. Nikolaus als Titelheiligen der Kirche, der in der Geburtsdarstellung an Josephs Stelle tritt, und die Taufe Christi, die in Rostock gemäß dem Nicaenum erst am Deckel erscheint, und läßt weg: Auferstehung, *Noli me tangere* und Himmelfahrt, letztere in Rostock aus Platzmangel erst auf dem Deckel dargestellt. Man kann aufgrund der Unvollständigkeit der Darstellungen in Kiel vermuten, die fehlenden Teile seien dem Taufdeckel vorbehalten gewesen, von dem wir aber nicht wissen, ob er je bestanden hat oder nur geplant (wie die Auskröpfungen für den Deckelverschluß am oberen Beckenrand beweisen) und nicht ausgeführt worden ist (der heutige ist ein barockes Werk). In Wismar und Lübeck konnten dem Bildprogramm nach keine Taufdeckel vorgesehen gewesen sein, jedenfalls keine, deren bildlicher Schmuck im Glaubensbekenntnis seine Quelle gehabt hätte.

Zur bildinhaltlichen Konzeption der Kieler Taufe hat Gertrud Schlüter-Göttsche in einem unveröffentlichten Inventarmanuskript über die Kieler Nikolaikirche und ihre Ausstattung eine beachtenswerte Deutung gegeben. Frau Schlüter-Göttsche vermutet einen maßgeblichen Einfluß des 1334 in Kiel gegründeten Priesterkalands auf das Bildprogramm, der sowohl durch die Darstellung der Fußwaschung, die im Brauchtum des Kalandes eine besondere Rolle spielte, und durch Maria und Johannes den Täufer, den beiden Schutzheiligen des Kalands, wie auch durch die Weihe der Taufe am Johannistage zu begründen sei.

Über den theologischen Aspekten sollten wir nicht übersehen, daß uns die Kieler Taufe auch etwas über allgemeinere geschichtliche Verhältnisse aussagt. Im Inschriftband kommen zwei verschiedene Wappen vor, das holstein-schauenburgische und das Kieler Stadtwappen, beide zwar klein abgebildet, aber an betonter Stelle angebracht, nämlich an den Auskröpfungen für den Deckelverschluß. Die Inschrift selbst berichtet, daß am Johannistage 1344 das Werk von der Hand Johann Apengeters vollendet sei und benennt dazu lapidar die Namen von drei Kieler Bürgern mit dem Zusatz: *provisores* (als Kirchengeschworene zu übersetzen); einer von ihnen, *piscis* (Vysch), war Ratsmitglied. Die scheinbar selbstverständliche Darstellung des Stadtwappens an der Taufe der einzigen Pfarrkirche in Kiel ist jedoch Ausdruck einer

Position, die 1336 der Rat der Stadt gegen das Augustinerchorherrenkloster Bordesholm gewonnen hatte. 1322 war nämlich dem Kloster – damals noch in Neumünster ansässig – von Graf Johann von Schauenburg unter ausdrücklichem Hinweis auf dessen bedrängte wirtschaftliche Lage das Patronat über Nikolaikirche und Schule in Kiel mit allen Rechten und Einkünften übertragen worden, eine Übertragung, gegen die sich der Rat vor allem wegen befürchteter finanzieller Einbußen heftig wehrte. Schließlich hatte er 1336 in einem Vertrag mit dem Kloster, dessen Abschluß Graf Johann beiwohnte, einige Rechte erlangt, vor allem aber hatte sich das Kloster verpflichtet, in Kiel keinen Konvent zu bilden und keine Gebäude zu errichten. Das war, wie sich bald herausstellte, nur ein Teilerfolg gewesen, denn bereits 1338 schränkte der Bremer Erzbischof diese Rechte wieder erheblich ein, und auch auf andere Weise hatte das Kloster in Kiel seinen Einfluß wieder festigen können. Mit dem Tode des letzten Weltgeistlichen an der Nikolaikirche Ende 1343/Anfang 1344 spitzte sich die Situation dramatisch zu, denn nun stand erstmals die Besetzung der Pfarrstelle durch einen Ordensgeistlichen aus Bordesholm bevor und eröffnete dem Kloster weitere Möglichkeit, in Kiel festen Fuß zu fassen. Hiergegen wehrte sich der Rat mit allen Mitteln. Auf die weiteren turbulenten, ja handgreiflichen Auseinandersetzungen – bis zur Reformation hat der Bordesholmer Konvent immer wieder seine Übersiedlung nach Kiel zu erreichen versucht – kann hier nicht weiter eingegangen werden, jedoch erklären sich aus dieser kurzen Schilderung der Verhältnisse die Zeitwahl der Taufenstiftung und der Sinn von Inschrift und Wappen an der Taufe deutlich genug: Mit der Stiftung der Taufe gerade zu diesem Zeitpunkt unterstrich der Rat unter Berufung auf die Zeugenschaft des Landesherrn seine Rechte nach dem Vertrag von 1336.

25 St. Jürgen, Relief an der Haseldorfer Taufe von 1445

Bronzetaufen vom 15. Jahrhundert bis zur Reformation

Wenn auch an der Kieler Taufe die strenge theologische Konzeption der Rostocker nicht durchgehalten ist – so sind beispielsweise verbindende Verse aus der Taufliturgie weggelassen – und auch nicht deren künstlerische Höhe erreicht, was noch mehr für die beiden anderen Taufen gilt, so war und blieb sie doch mit Ausnahme der späteren Lübecker Taufen die reichste und aufwendigste Bronzetaufe des Mittelalters in Schleswig-Holstein. Sie hat merkwürdigerweise keine Nachfolge gefunden; vielleicht bestand damals zu wenig Bedarf an Neugüssen, wie nach den wenigen in den nächsten hundert Jahren zu schließen. Das in zwei Bildzonen aufgeteilte Taufbecken kommt später überhaupt nicht mehr vor. Der Kieler Taufe am nächsten steht noch in der kräftigen plastischen Durchbildung der Reliefs die derbe Taufe von 1424 in der Kirche zu Gettorf. Diese ist auch die einzige, an der Ereignisse aus dem Leben Mariae und Christi in einem szenischen Ablauf geschildert werden. Bis zum Ausgang des Mittelalters begnügen sich alle weiteren Bronzetaufen mit dem Nebeneinander von Einzelfiguren oder, ohne Beachtung einer chronologischen Abfolge, von Darstellungen von symbolhafter Kürze, die aus sich

26 Bronzetaufe von 1424 in der Kirche zu Gettorf

selbst verständlich sind. Das gilt für die Bronzetaufe von 1391 in der Kirche zu Burg a. F., die zufällig nach dort verschlagen ist. Laut Inschrift ist sie eine Stiftung des Bischofs Beno Korp im Erzbistum Lund. Die Gestalten, einzeln auf die Flächen des sechseckigen Beckens verteilt, stellen dar Maria, die Apostel und die Taufe Christi. Die feingeschwungenen Heiligengestalten zählen zu den besten, wohl aus einer Lübecker Werkstatt stammenden Plastiken, die an einer mittelalterlichen Taufe in Schleswig-Holstein zu sehen sind.

27 Bronzetaufe von 1391 in der Kirche zu Burg auf Fehmarn

Erst in der zweiten Hälfte des 15. Jahrhunderts erreichte der Taufenguß wieder einen nennenswerten Umfang und berührte das ganze Land. Die Güsse stammen überwiegend aus einheimischen, selbstverständlich auch Lübecker Werkstätten, aber auch wandernde Gießer sind tätig gewesen, wie der Bremer Ghert Klinghe. Man kann diese Taufen in zwei etwa gleichgroße Gruppen unterteilen. Die eine führt den im 13./14. Jahrhundert entwickelten

28 Bronzetaufe von 1445 in der Kirche zu Haseldorf

Typ schlichter Taufen fort, deren Becken nur durch Friese, Inschrift und gelegentlich aufgesetzte Reliefs geschmückt sind. Dazu zählen die Taufen in Haseldorf 1445, Probsteierhagen 1457, Lauenburg 1466, Norderbrarup 1486 (Meister Peter Hansen, Flensburg) und andere. Die Darstellungen und Inschriften an diesen Taufen entsprechen denen, die wir an der zweiten, künstlerisch anspruchsvolleren Gruppe finden.

Die Taufen dieser zweiten Gruppe haben die Gliederung der Kesselwand durch eine Arkadenfolge gemeinsam. Unter den Bögen stehen einzeln Apostel und Heilige, unterbrochen von szenischen Darstellungen von unterschiedlicher Anzahl und Gruppierung, überwiegend die Taufe Christi, Kreuzigung, Christus als Weltenrichter und die Marienkrönung. Zu diesen Taufen

29 Bronzetaufe von 1475 in der Alten Kirche auf Pellworm

gehören die Segeberger Taufe von 1447 (hier fehlt ausnahmsweise die Bogenfolge), die Taufen des Lorenz Grove von 1455 im Lübecker Dom und des Klaus Grude von 1466 in der Lübecker Jakobikirche, die in Pellworm, Alte Kirche, von 1475 und die im Schleswiger Dom von 1480, beide aus der Werkstatt Heinrich Klinghes stammend. Diesen letzteren beiden verwandt sind die Taufen von 1485 in der Marienkirche zu Hadersleben und die von 1497 in der Flensburger Nikolaikirche; beide goß Peter Hansen, Flensburg. Zu nennen sind noch die um 1470 gegossene Taufe in Albersdorf und die von 1511 in Eutin, deren figurlicher Schmuck allerdings fast gänzlich verloren, doch in ihrer zweischichtigen architektonischen Gliederung stark von L. Groves Taufe von 1455 im Lübecker Dom beeinflußt ist.

30 Bronzetaufe von 1447 in der Marienkirche zu Segeberg, ein Werk des Bremer Gießers Ghert Klinghe

Wir stellen von diesen Taufen die Segeberger von 1447, die erste von vier erhaltenen, die Ghert Klinghe goß, als Beispiel vor. Wenn auch bei dieser Taufe die Bogenstellungen fortgelassen sind, ist die bildliche Aufteilung doch die gleiche wie bei den anderen. Das umgekehrt glockenförmige Becken wird von 4 Stützen in Gestalt von Diakonen getragen. Zwei Inschriftbänder am oberen und eines am unteren Beckenrand lassen eine breite Zone frei, in der im Flachrelief Christus am Kreuz zwischen Maria und Johannes und in feierlicher Reihung die namentlich benannten zwölf Apostel zu sehen sind, Darstellungen von symbolischer Bedeutung: Hier sind versammelt die Apostel, die ausgesandt waren, die Taufe zu vollziehen, und hier ist durch das

31 Bronzetaufe des Lübecker Gießers Peter Wulf, 1509 für die Nikolaikirche in Mölln gegossen

Bild des Gekreuzigten die durch viele Bibelstellen belegte Beziehung zwischen dem Sakrament der Taufe und dem Tode Christi ausgedrückt; der Taufakt wurde als sakramentales Abbild des Todes Christi verstanden. Auf den Gewinn durch die Taufe verweist die obere Inschrift, die sinngemäß besagt: *Wer in mir gewesen ist und die Gebote des Herrn hält, wird von der Hölle genesen.* Die Inschrift bestätigt auch, daß der Taufakt durch das gänzliche Eintauchen des Täuflings in das Taufwasser vollzogen wurde oder doch vollzogen werden sollte. Die Inschrift darunter benennt den Kirchenpatron, Graf Adolf VIII. von Schauenburg, die unterste den Gießer.

Weniger die Taufe als erstes Sakrament, ihr Sieg über das Heidnische ist

Gegenstand der Darstellungen an diesen Taufen oder wird durch ihre Form selbst ausgedrückt, sondern mehr die den Taufakt bereits als geschehen voraussetzende Heilserwartung. Inschriften benennen Gott, die Heilige Dreifaltigkeit, Maria und die Heiligen oder rufen sie bittend an oder drücken eine persönliche Bitte des Stifters oder Gießers aus *(Gott gebe seiner Seele Rat).* Weniger als Benennung, sondern eher als Anruf wird man auch die häufigen Namensinschriften bei den Gestalten von Aposteln oder Heiligen verstehen können, als Anruf, wie er beispielsweise im Abschluß der Weihe des Taufwassers in einer langen Litanei (*Sancte philippe ora pro nobis* usf.) geschah, um durch die Vermittlung der Heiligen der Verheißung teilhaftig zu werden. An einer der letzten erhaltenen Bronzetaufen des ausgehenden Mittelalters, die 1509 der Lübecker Gießer Peter Wulf für die Nikolaikirche in Mölln schuf, reduziert sich die Heiligenwelt auf eine lokal bestimmte Auswahl, die kaum in einem direkten Zusammenhang mit dem Taufakt zu sehen ist. Unter Arkadenbögen stehen Mauritius, Johannes d.T., Maria mit Kind, Nicolaus als Titelheiliger der Kirche, das Möllner Stadtwappen, Katharina, Christophorus, Annaselbdritt; die Inschrift, zweimal vom Lübecker Wappen unterbrochen, benennt kurz Gußjahr, die Kirchgeschworenen als Auftraggeber und den Gießer. Dennoch ist an der Möllner Taufe die allgemeine Hinweisung auf den sakramentalen Charakter der Taufe nicht unterblieben. Die knieenden langgewandten Gestalten, welche das Taufbecken tragen, halten in ihren Händen ein Gefäß mit kelchartigem Fuß und drei zylindrischen Behältnissen in der Anordnung eines Dreipasses darauf, ein sog. *Chrismarium,* das verschiedene Salböle enthielt, die für liturgische Handlungen als sakramentalisches Symbol benutzt wurden. Auch in der Taufhandlung spielte die Salbung des Täuflings eine wesentliche Rolle. Das Motiv der salbgefäßhaltenden Tragfiguren war bereits an der Lübecker Domtaufe von 1455 verwendet worden; die z.T. identische Übereinstimmung der Tragfiguren an der Lübecker und Möllner Taufe läßt vermuten, daß Peter Wulf ältere Formen benutzt und überarbeitet hat.

Wie die Kieler Taufe enthält auch die Möllner Anspielungen auf politische Verhältnisse. Das zweimalige Vorkommen des Lübecker Stadtwappens am Inschriftband belegt eine enge Verbindung zu Lübeck. Lübeck hatte sich seit 1395 für Jahrhunderte die Pfandherrschaft über Mölln gesichert, um einen festen Stützpunkt an der Salzstraße von Lüneburg nach Lübeck zu besitzen. Doch auch das Möllner Stadtwappen, ein Mühlenrad, kommt an der Taufe vor, und zwar an herausgehobener Stelle mitten, zwischen den Heiligen: Sollte dadurch nicht recht deutlich ein Anspruch auf Selbständigkeit der Stadt ausgedrückt sein? Die Beziehungen zwischen Lübeck, dessen Interessen ein Stadthauptmann in Mölln wahrnahm, und Mölln waren durchaus nicht spannungsfrei, da der von Lübeck ständig geforderte Ausbau der Stadtbefestigung von Mölln ganz zu Lasten der Stadt ging.

32 Taufenträger von der Möllner Taufe von 1509, in den Händen ein Chrismarium, ein Gefäß für verschiedene Salböle, haltend

33 Älteste Darstellung einer nachreformatorischen Taufhandlung in Schleswig-Holstein auf einem leider schlecht erhaltenen Gemälde von 1583 in der Kirche zu Mölln. Auf dem Bilde ist offensichtlich die Bronzetaufe von 1509 in der Möllner Kirche selbst zu sehen. Pastor in der Mitte (über ihm der Taufdeckel), Vater und Pate stehen auf dem erhöhten Podest; das Gitter ist fortgelassen

TAUFEN NACH DER REFORMATION

Die gehobene Bedeutung, welche der Kanzel nach der Reformation als Stelle der Verkündigung zugefallen war, hatte bewirkt, daß in Schleswig-Holstein mit wenigen Ausnahmen sämtliche Kanzeln erneuert und mit Bildern und Texten programmatischer Inhalte ausgeschmückt wurden oder gar als erste ihrer Gattung in die Kirchen einrückten, denn es ist nicht sicher, daß im Spätmittelalter alle Kirchen Kanzeln besessen hatten. Anders verhielt es sich mit den Taufen. Sie gehörten seit Jahrhunderten zur Ausstattung aller Pfarrkirchen. Da das Sakrament der Taufe durch die Reformation unangetastet geblieben war, bestand kein sonderlicher Anlaß zu Erneuerungen, zumal der herkömmliche Taufritus fast unverändert beibehalten wurde. Sowohl Luther als Bugenhagen, der Reformator des Nordens, hatten die Ganztaufe *(immersio)* gefordert und Luther darüber hinaus in zwei Fassungen seines Taufbüchleins von 1523 und 1526 Vorschläge für das Taufritual gemacht, die auf mittelalterlichen Agenden fußten und die in die meisten norddeutschen Kirchenordnungen aufgenommen wurden. Die 1542 erlassene, plattdeutsch verfaßte *Christlyke Kercken Ordeninge* für die Herzogtümer Schleswig und Holstein wich darin ab, daß nur das dreimalige Begießen des entblößten Kindes gefordert wurde; auch wurde angeordnet, daß im Winter ein Becken mit warmem Wasser in den Taufstein gestellt werden sollte, denn die Taufe sei *zum Heile und nicht zum Verderben der Kinder verordnet.* Die *Lauenburgische Kirchenordnung von 1585* ließ alternativ das Eintauchen oder nur das Begießen des Täuflings zu.

So kam die Neuanfertigung von Taufen später als bei den Kanzeln in Gang, und sie hielt sich auch in bescheideneren Grenzen. Einer der Gründe zur Neubeschaffung von Taufen mag darin gelegen haben, daß man die bildlosen Taufen gotländischer oder Namurer Herkunft als zu schlicht, unzeitgemäß oder theologisch zu wenig aussagend empfand. So ersetzte man bereits im Mittelalter im Lübecker Dom die gotländische Steintaufe (heute in Klein-Wesenberg) 1455 durch eine reiche Bronzetaufe. Auch in Hattstedt und Waabs beispielsweise wurden die gotländischen Steintaufen zugunsten barocker Neuschöpfungen zur Seite gerückt. Daß selbst Bronzetaufen durch neue ersetzt wurden, ist mehrfach belegt (z.B. für Sonderburg). In der Johanniskirche in Flensburg wertete man eine spätmittelalterliche Namurer Taufe 1592 dadurch auf, indem man dem ausladenden Becken die Statuetten der vier Evangelisten als Trägerfiguren untersetzte und am Beckenrand auf die Taufe bezügliche Bibelsprüche *(Matt. 28,19 und Markus 16,16)** einmeißelte.

---

* Die Bibelzitate sind am Ende vollständig wiedergegeben.

Bronzetaufen

Die ersten Bronzetaufen, die nach der Reformation gegossen wurden, unterscheiden sich in ihrer Form kaum von den mittelalterlichen, obwohl zwischen dem Guß der letzten vorreformatorischen Taufe (Flintbek 1515) und dem ersten nachreformatorischen (Eckernförde 1588) immerhin dreiviertel Jahrhundert vergangen waren. Diese von Michel Dibler gegossene Taufe in der Nikolaikirche zu Eckernförde besitzt eine tiefe, umgekehrt glockenförmige Kuppa, die auf vier sitzenden Löwen ruht. Eine Inschrift am unteren Rand benennt Gießer und Gußjahr, eine dreizeilige am oberen Rand ihrem Sinne nach Sophie Krummendiek als Stifterin der Taufe mit dem Hinweis auf ihre Adligkeit durch Aufführung von acht Ahnen auf den (verlorenen) Schilden der wappenhaltenden Löwen. Das Hauptfeld des Taufbeckens wird von sechs hochrechteckigen Reliefs mit Darstellungen der Passion Christi eingenommen, die durch pflanzlich ornamentierte Streifen voneinander getrennt werden. Ungewöhnlich ist die Art der Oberflächenbehandlung, indem durch Aufrauhung der Hintergründe eine stumpfe Oberfläche erzielt wurde, vor der sich Reliefs, Inschriften und Ornament dunkel und glänzend abheben.

In bisher unbekanntem Maße betont ist der private Charakter der Stiftung durch Inschrift und Ahnenprobe; zwar sind die Wappen verlorengegangen oder richtiger wohl: beseitigt worden, aber es kann kein Zweifel sein, daß sich die heute so unmotiviert wirkende „männchenmachende“ Haltung der Löwen aus ihrer Funktion als Schildhalter erklärt. Der Löwe als Sinnbild der Stärke steht hier ganz im Dienst einer profanen Sache und hat mit den Löwen an den älteren Taufen und Kirchenportalen als Gleichnis für überirdische Mächte nur noch die äußere Gestalt gemeinsam.

Auch in ihrem Bildprogramm unterscheidet sich die Eckernförder Taufe von den spätmittelalterlichen durch die ausschließliche Darstellung der Passionsereignisse. Sie ist wohl als bildliche Auslegung des lutherischen Gedankens zu verstehen, daß der Getaufte, in der Erbsünde geboren, in das Leben und Sterben Christi einbezogen ist und durch seine Wiedergeburt in Christo von der Erbsünde erlöst wird.

Bei der sehr ähnlichen Taufe, die Dibler drei Jahre später für die Flensburger Marienkirche goß, gelang ihm eine bessere formale Aufteilung der Kuppawandung. Obwohl er soweit wie möglich die gleichen Vorlagen wie bei der Eckernförder benutzt hat – Geißelung und Fußwaschung gehen auf Dürers kleine Holzschnittpassion zurück – konnte er dank vermehrter Szenen die Bildfolge in einem geschlossenen architektonischen Rahmen fassen. Gegenüber Eckernförde ist die Passionsgeschichte um Abendmahl und Fußwaschung sowie die Auferstehung erweitert worden, damit Taufe und Abendmahl als die nach lutherischer Auffassung einzigen Sakramente nach *1. Korinther 10, 1–13* in Beziehung setzend. Vielleicht war das Bildprogramm als Ergänzung zu dem reichen, ikonographisch ungewöhnlichen Bildprogramm der Kanzel von 1579 gedacht. Ein direkter Hinweis auf die

34 Bronzetaufe in der Eckernförder Nikolaikirche, 1588 von Michel Dibler gegossen.

Taufe ist in einem aus *Markus 10,14 und 16,16* zusammengezogenen Zitat *(lasset die Kindlein zu mir kommen . . .)* enthalten. Statt profanierter Löwen – wie in Eckernförde – fungieren wie bei vielen mittelalterlichen Taufen die vier Apostel als Träger der Taufe; könnte es sein, daß die überlieferte Gleichsetzung der Paradiesflüsse auch mit den Evangelisten hier noch in ihrer Doppelbedeutung begriffen wurde? Aber es ist wahrscheinlicher, daß die Apostel als bildlicher Ausdruck des *16. Kapitels aus dem Markusevangelium* zu verstehen sind: *Gehet hin in alle Welt und predigt das Evangelium aller Kreatur.*

35 Ausschnitt aus der Bronzetaufe Michel Diblers von 1591 in der Flensburger Marienkirche. Dargestellt ist das Abendmahl

Fast zur gleichen Zeit goß der auch als Glockengießer vielbeschäftigte Husumer Meister Melchior Lucas Brant drei Erztaufen, die alle ihrer Form und Größe nach noch ganz in spätgotischer Tradition stehen: Nortorf 1589, Poppenbüll 1590 und Sonderburg 1600 (als Ersatz einer älteren, die man 1602 nach Metallwert verkauft hatte). Die Nortorfer Taufe prunkt in ornamentalem Schmuck, der bordürenartig die ganze Kuppawandung umzieht; verwendet sind z. T. figürliche Renaissancemotive nach Stichvorlagen. Die zweimal einzeilige Inschrift, gänzlich in diese dekorative Ordnung eingebunden, steht

36 Bronzetaufe von 1589 in der Kirche zu Nortorf, gegossen vom Husumer Meister Melchior Lucas Brant

nur in allgemeinerer Beziehung zur Taufhandlung *(Ihr werdet mit Freuden Wasser schöpfen aus den Heilsbrunnen, Jesaja 12)* und benennt den Glockengießer mit dem ähnlich immer wiederholten formelhaften, hier sinngemäß wiedergegebenen Spruch vieler Glockengießer: *Aus dem Feuer bin ich geflossen, Meister Melchior Lucas Glocken- und Grapengießer zu Husum hat mich im Namen Gottes gegossen.* Bildmedaillons nach immer wieder verwendeten Modeln (zweimal die Kreuzigung, das Kreuz Christi als Rebstock, Dreieinigkeit) sind klein und unauffällig wie magische Zeichen im Ornament eingestreut. Ungewöhnlich an der Taufe ist, daß ihr als Stütze dreimal die gleiche Figur des Hl. Matthias dient. In etwas vereinfachter Form hat diese Taufe einen Nachläufer in der Taufe von 1630 zu Hohenaspe, die Magnus Brödler aus Flensburg goß.

37 Bronzetaufe von 1643 in der Marienkirche zu Husum, gegossen von Lorenz Karstensen in Husum nach Modellen des Bildhauers Berend Cornelissen

An der ein Jahr jüngeren Taufe zu Poppenbüll und ähnlich an der Taufe zu Sonderburg von 1600 schickte sich Lucas auch inhaltlich ganz in die spätmittelalterliche Tradition, indem wie etwa bei der über 140 Jahre älteren Segeberger Taufe das Mittelfeld der Kuppa mit den namentlich bezeichneten Einzelgestalten der 12 Apostel und Christi besetzte; ein davon freigelassener

38 Ausschnitt aus der Bronzetaufe von 1643 in der Marienkirche zu Husum

Abschnitt ist randvoll mit den schon von Nortorf bekannten Reliefs, darunter die Kreuzigung und ergänzt um die Taufe im Jordan, ausgefüllt. Auch noch die Taufe, die Michel Diblers Sohn Marcus 1619 mit sieben primitiv stilisierten Aposteln und Christus für die Kirche in Esgrus goß, ist nach dem gleichen Schema gestaltet, aber sie war mit Ausnahme der Taufe von 1699 in Lebrade die letzte ihrer Art. Danach entstanden zwei bemerkenswerte Bronzetaufen, die den spätmittelalterlichen Taufentyp in barocker Weise variieren.

Es sind dies die Taufen des Husumer Gießers Lorenz Karstensen in Husum von 1643, die er nach Holzmodellen des Bildhauers Berend Cornelissen gefertigt hatte, und der Nachguß von 1647 in der Kirche zu Hattstedt, der

39 Kopf eines der Evangelisten, die als Träger der Bronzetaufe von 1665 in der Kirche zu Heiligenstedten dienen. Die Taufe goß M. H. Benninck

ungewöhnlicherweise zugleich als Epitaph für Knudt Boiengh und seine Frau Eie gedacht ist. Die noch bei Diblers Taufen deutlich ausgeprägte Scheidung von Standfigur und Kuppa ist hier weitgehend verlassen worden zugunsten einer bewegten Komposition aus raumgreifenden Sitzfiguren der Evangelisten als Beckenträger und dem geschweiften Becken selbst, dessen achteckige

Grundgestalt durch die fast vollplastischen Gestalten von sechs erregt agierenden Apostelstatuetten, Knorpelwerkornamenten zu ihren Häupten und architektonisch gefaßten Reliefs aus der Christusgeschichte zwischen ihnen verschleiert wird; Inschriften über den ehemals sechs Reliefs beziehen sich bei der Husumer Taufe auf den Stifter Marcus Luders und sein darunter abgebildetes Wappen oder enthalten auf die Taufe bezügliche Bibelverse wie den Taufbefehl nach *Matthäus 28,19* über der bildlichen Darstellung der Taufe Christi im Jordan. Als theologisches Fundament der Taufe versteht sich die Inschrift am Sockel des eigentlichen Taufbeckens, die frei nach *1. Petrus 3,21* zitiert lehrhaft betont: *Das Wasser macht uns selig in der Taufe, das ist der Bund deines Gewissens m. G. (mit Gott).*

Mit den Taufen von Husum und Hattstedt hatte der Guß von Bronzetaufen seinen Höhepunkt überschritten. Die wenigen Taufen mit großen Bekken, die danach gegossen wurden, sind von schlichterer Gestalt. Die zu Heiligenstedten von 1665 hat die Form eines großen Pokales, die Büstorfer von 1665 besteht aus einem Becken von gleicher Grundfigur wie das Husumer und einem Fuß von 1862. Diese Taufen wurden schließlich abgelöst durch kleinere leuchterförmige oder getriebene, bis endlich die Verwendung von Metall, gegossen oder getrieben, für lange Zeit ganz aufgegeben wurde.

An der Nordseeküste war die alte Verbindung zu den westlichen Lieferstätten von Steintaufen nicht abgerissen; hier stehen die ältesten nachreformatorischen Steintaufen im Lande, alle westfälischer oder Namurer Herkunft. Ihrer Form nach halten sie sich noch eng an mittelalterliche Schemata, ja, an der ältesten nachreformatorischen Steintaufe in Schleswig-Holstein überhaupt, der Taufe von 1564 in Oldenswort, ist noch das ganze spätgotische Formenrepertoire verwendet. Das gilt ebenso für den gezackten, aus zwei sich durchdringenden quadratischen Platten gebildeten Fuß, wie den zylindrischen Schaft mit gedrehten, gekehlten Kanneluren, das ausladende achtekkige Becken mit Maßwerkbögen auf den Flächen und den abschließenden Rand aus spiraligem Astwerk. Die Inschrift in den Maßwerkfeldern benennt den Stifter, Pastor Caspar Hackrodt, und zitiert frei nach *1. Petrus 3,21.*

Wie die Oldensworter ist auch die Tetenbüller Sandsteintaufe von 1596 (das Datum ist nicht ganz sicher) zweifellos westfälischer Herkunft. Sie ist mit ihrem mächtigen achteckigen Fuß, dem schildhaltende drohende Löwen vor vier Seiten fast eine quadratische Form geben, und der dem Sockel

40 Sandsteintaufe von 1596 westfälischer Herkunft in der Kirche zu Tetenbüll

schaftlos aufsitzenden, gedrückt halbkugeligen Kuppa ihrer Form nach ein später Nachfahr der Wesselburener Taufe. Erinnerungen an gotische Formen werden nur im Sockelprofil wach, im feingearbeiteten figürlichen Relief an den Feldern der Kuppa herrscht die Sprache der Renaissance, hier wechseln unproportioniert große geflügelte Engelsköpfe mit den schreibenden Evangelisten. Die abschließende Inschrift zitiert aus dem *Brief Pauli an Titus 3,5.*

Zwei Taufen aus Namurer Blaustein (St. Annen, 2. H. 16. Jh.; Pellworm, Neue Kirche, 1587) sind kompakte Weiterführungen des bekannten Taufentyps mit Köpfen an vier Seiten des Kupparandes. Da jedoch die Kuppa im Umfang merklich geschrumpft ist, ist das Größenverhältnis von Unterbau zum Sockel disharmonisch, besonders an der Pellwormer Taufe, einer Stiftung von Ida und Klaus Meinstorf.

41 Taufhandlung auf einer Silbermedaille um die Mitte des 17. Jahrhunderts. Vermutlich mitteldeutscher Herkunft und als Patengeschenk bestimmt. Durchmesser der Medaille 52 mm

Holztaufen, Taufdeckel und Taufgitter im 17. und 18. Jahrhundert

Sehen wir von der schlichten pokalförmigen Sandsteintaufe fraglicher Herkunft in Stellau ab, die Heinrich Rantzau 1593 gestiftet hat, sind dies die letzten Taufen, die in Schleswig-Holstein eingeführt wurden. Statt dessen entwickelte sich eine einheimische Produktion von Taufen, die sich wesentlich auf einen einheimischen Werkstoff stützen konnte, auf Holz. Von Anfang des 17. Jahrhunderts an behauptete die Produktion von Holztaufen weithin und für lange Zeit das Feld. Die verhältnismäßig wenigen Taufen aus Sandstein oder Marmor, die in dieser Zeit entstanden, gleichen soweit den Holztaufen und wurden auch von denselben Meistern gefertigt, daß wir keine Scheidung nach Material vornehmen müssen.

Holz als Werkstoff zur Fertigung von Taufen war bis dahin ungebräuchlich gewesen und auch wegen der erforderlichen Größe der Becken schlecht geeignet, sofern man nicht auf richtige Zuber aus war, wie auf alten Taufdarstellungen zu sehen. Der Hauptgrund, der Holztaufe den Vorzug zu geben, muß neben dem Grunde ihrer billigeren Herstellung im Verzicht auf die Ganztaufe zu sehen sein, denn das ermöglichte die Kombination kleinerer Taufgeräte mit einsetzbaren Taufschalen. Im übrigen bedeutete die Aufgabe, Taufen in Holz zu fertigen, eher ein gestalterisches Problem als ein technisches, denn die Bildschnitzerei war ein blühendes Gewerbe. Mit den neuen Aufgaben, die sich mit dem ausgehenden 16. Jahrhundert im kirchlichen Bereich boten, vor allem mit Kanzeln, Epitaphien und Altären, hatten sich Meister wie Heinrich Ringerink in Flensburg, Hans Peper in Rendsburg oder Hans Gudewerdt d. Ä. in Eckernförde, um nur einige der älteren zu nennen, einen Namen und den niederländischen Renaissancestil im Lande bekannt gemacht. In ihrem Gefolge versuchten sich kleinere Meister wie der Schnitzer der Taufe von 1615 in Fahrenstedt im Stile Heinrich Ringerinks, denn nicht viele Taufen lassen sich mit den bekannten Namen verbinden. Von Peper wissen wir nur, daß er 1609 einen – wieder verlorenen – Taufdeckel für die Namurer Steintaufe in Süderstapel geschnitzt hat, auch Ringerink ist mit erhaltenen Stücken (nur Taufdeckel) nur spärlich vertreten.

Diese jüngeren Taufen aus Holz unterscheiden sich von den älteren nachreformatorischen im 16. Jahrhundert nicht nur nach Material, Volumen und Gestalt, sondern verzichten meist, einige größere wie in Husum und Gelting ausgenommen, auf ausführliche Zitate aus der Bibel, wie sie an den älteren, oft an auffälliger Stelle angebracht, einen deutlich belehrenden Charakter haben. Obwohl Bibelzitate, sind sie auch Bekenntnisse zur lutherischen Auffassung von der Taufe, deren sakramentaler Charakter erst durch die Verbindung von Wasser mit dem Worte Gottes gegeben ist. Es ist sicher nicht zufällig, daß fast sämtliche Bibelzitate an den älteren Taufen sich im vierten Hauptstück über *das Sakrament der Taufe* im kleinen Katechismus Martin Luthers von 1529 finden und wohl daraus geschöpft sind; ein Theologe mag hier tiefer gründen. Bereits die mit Jahrzehnten Abstand älteste erhaltene Holztaufe in Schleswig-Holstein auf Hallig Gröde, ein

42 Taufdeckel 1615 in der Kirche zu Fahrenstedt, ein Werk in der Nachfolge des Flensburger Bildschnitzers Heinrich Ringerink

schlichter aufgeständerter Kasten in Gestalt eines Achtecks (mit jüngeren Barockgesimsen?), die nach der Mitte des 16. Jahrhunderts gestiftet worden ist, dürfte mit primitiven Reliefs des Sündenfalls, des Gekreuzigten (das Kreuz des bösen Schächers wird von einer Schlange umwunden) und der Taufe Christi unter den Begriffen: Sünde – Tod – Wiedergeburt durch die Taufe, auf Luthers Katechismus fußen. Doch bleibt die Glaubensaussage durch das Bibelzitat auch diesen jüngeren Holztaufen nicht vorenthalten, sie verlagert sich sozusagen nur in eine andere, buchstäblich höhere Ebene, an den Taufdeckel.

Wir hatten schon erfahren, daß bereits im Mittelalter zur Taufe ein Deckel

43 Taufdeckel von 1703 in der Kirche zu Fahretoft

gehörte – erhalten hat sich nur der Möllner und in Heide eine schlichte, über Kielbogen gezimmerte Holzhaube von 45 cm Höhe. Erhalten ist auch ein einfacher kegelförmiger Deckel in Arild, Amt Tondern/Nordschleswig; der ähnliche in Humptrup, der bisher als spätmittelalterlich galt, ist dies nicht, scheint aber in alter Form erneuert worden zu sein. Als Schutzdeckel im wörtlichen Sinne sind offenbar auch noch nach der Reformation flache Deckel gebräuchlich gewesen, erhalten in Keitum mit gemalter Taufdarstel-

44 Taufanlage in der Lübecker Marienkirche vor ihrer Zerstörung 1942, mit Bronzebecken von 1337, spätgotischem Gitter aus Messingbalustern und Taufdeckel in Gestalt einer Laterne vermutlich von 1631

lung 1697, Eggebek um 1600 und reizvoll beschnitzt in Klein Solt 1664, waren aber die Ausnahme; die Regel und fast unabdingbarer Bestandteil der Taufe waren aufwendige dreidimensionale Gebilde, für die der Name „Dekkel" schlecht passen will. Sie wurden nicht nur gleichzeitig mit den Taufen angefertigt, sondern auch sehr häufig nachträglich über älteren Taufen angebracht – so geschehen z. B. im 17. Jahrhundert bei den mittelalterlichen Bronzetaufen aller Lübecker Stadtpfarrkirchen (vielleicht die Petri-Kirche ausgenommen).

45 Taufgitter von 1738 in der Kirche zu Wesselburen, zerstört

Man wird wohl vergeblich nach einem zwingenden Grund suchen, der diese Taufdeckel nach der Reformation notwendig gemacht hätte. Es war wohl mehr das Bedürfnis, den Standort der Taufe optisch zu markieren und dadurch zur Festlichkeit der Liturgie beizutragen, die zur Zeit der lutherischen Orthodoxie durch reiche Ausstattung der Kirchen und Förderung der Kirchenmusik besonders gepflegt wurde.

Viel früher als in Lübeck, bereits 1577, hatte man im Ratzeburger Dom über der mittelalterlichen Bronzetaufe einen Taufdeckel in Gestalt einer mehrgeschossigen, durchbrochenen „Laterne" aufgehängt und zwar als Teil einer Neuordnung der Taufanlage insgesamt, deren Basis ein hohes achteckiges Podest mit umschließender Balustrade wurde. Obwohl betont protestantisch aufgemacht – am Treppenaufgang wacht mahnend in der Funktion einer Karyatide ein protestantischer Prediger, und die lateinischen Inschriften der Balustrade geben den Taufbefehl nach *Matthäus 28,19* und *Markus 16,16* wieder – bedeutet doch die Taufanlage mit hohem Podest keinen Neubeginn, sondern das Fortführen einer älteren Tradition, wie sie durch die spätgotischen Anlagen in der Lübecker Marienkirche und der Möllner Nikolaikirche, beide vom Anfang des 16. Jahrhunderts stammend, bis in unsere Zeit überliefert war.

So aufwendige Anlagen wie noch 1710 für die Aegidienkirche oder noch später für die Petrikirche in Lübeck hat es im flachen Lande mit einer Ausnahme nicht gegeben, aber häufig war die Taufe durch ein Gitter umschrankt. Vieles wird davon untergegangen sein. R. Haupt hatte in Witzwort noch Reste eines Taufgitters von 1572 gesehen – das wäre das älteste nach der Reformation, von dem wir wüßten. Das hübsche geschmiedete um 1674 von Meister Mathias Wulf aus der Nikolaikirche in Kiel ist in das Landesmuseum gekommen. Erhalten sind die hölzernen Schranken in Hennstedt von 1687 und das jüngst wiederaufgestellte in Neuenkirchen (Dithmarschen) von 1710. Erstaunlicher Bildstürmerei ist noch vor 15, 20 Jahren in Wesselburen die reiche Taufumrandung von 1738 aus hölzernem Rahmenwerk mit Messingdocken zum Opfer gefallen.

Warum sich die traditionelle Aussonderung der Taufe, obwohl die mit ihr verbundene Weststellung seit der Reformation nicht mehr zwingend war, so lange gehalten hat, ist schwierig zu beantworten. Die älteste *schleswig-holsteinische Kirchenordnung* sagt darüber nichts, die *lauenburgische von 1585* enthält nur den allgemeinen Hinweis, daß die Taufe angesichts der Gemeinde und zwar *für den sermon (vor der Predigt)* stattfinden und sich dabei jeder seiner Taufe erinnern und daraus Trost empfangen solle. Eine *lüneburgische Verordnung* von 1689 enthält einen vagen Hinweis, denn sie forderte, daß die Taufen umgittert sein sollten, damit nicht *die Leute in der Kirche sonderlich das Weibervolk um den Altar und Taufstein sitzen und den Prediger bei Verrichtung seines Amtes oftmals ganz umgeben.* In der Tat mochte die Überfüllung der Kirchen mit festem Gestühl Platzprobleme mit sich bringen, ist doch überliefert, daß die Taufen zugunsten neuen Gestühls entfernt und durch platzsparende schwebende Taufengel ersetzt wurden.

Unter diesen Taufanlagen fällt die zu Landkirchen a. F. von 1735 besonders auf. Sie besteht aus einem achteckigen Postament mit schwarzer hölzerner Einfassung und in Gold und Silber prangenden Reliefs darin, einem steinernen Taufbecken von der Form eines Pokals und einem hölzernen Taufdeckel mit bekrönender Engelsfigur, die folgende wortspielende Stiftungsinschrift einer Catharina Mackeprang auf einer Tafel vorzeigt: *Ein CatharinenBad/ein ReinigungsQuell/zum Leben hat der Herr Jesus/uns in unser Tauff gegeben/ Ein Catharina läst hier/zu die Fündt anhangen/Ein Mackeprangin macht/ hieraus mit dies Zion prangen.* Die ungewöhnliche Häufung von Inschriften, die sich auf die Taufe beziehen und taufbezügliche Reliefs aus dem Neuen und ihrer Entsprechung aus dem Alten Testament an der Taufumrandung sowie eine innenseitig umlaufende Sitzbank und sicherlich auch die Stiftungsinschrift deuten darauf, daß dem Auftraggeber oder dessen Berater, vielleicht des amtierenden Pastors Jacob Iversen (1709–1746), die Taufe und die Sammlung der Taufgemeinde ein Herzensanliegen war, die in pietistischer Frömmigkeit ihren Grund gehabt haben wird. Sicher nicht zufällig ist 1765 des pietistisch gesinnten Propsten Stresow Bibliothek, deren Hauptbestandteil Philipp Jakob Speners Schriften ausmachten, nach Landkirchen gelangt.

Nach dem Umweg über Taufpodeste und Taufdeckel, auf die wir noch einmal eingehen werden, kehren wir zu den Taufen zurück und begnügen uns mit einem zusammenfassenden Überblick. Allgemein haben diese Holztaufen die Grundform eines Pokales oder eines Kelches, die unterschiedlich variiert wird. Bei den älteren Taufen aus der ersten Hälfte des 17. Jahrhunderts überwiegt die Kombination der Pokalform mit dem alten Motiv der Trägerfigur, die in Gestalt der Evangelisten oder auch Tugenden mit ihren Köpfen den Kelch zusätzlich unterstützen.

Da nach der Mitte des 17. Jahrhunderts das Motiv der das Taufbecken umstehenden Trägerfiguren verlassen wird, müssen wir unter diese Gruppe

46 Taufanlage von 1735 in der Kirche zu Landkirchen auf Fehmarn

47 Taufe von 1653 in der Kirche zu Gelting, ein Werk Hans Gudewerdts des Jüngeren

als letzte und zugleich als bedeutendste Schöpfung im 17. Jahrhundert die Taufe von 1653 in Gelting zählen. Sie gilt als ein Werk Hans Gudewerdts des Jüngeren. Im Gegensatz zu den üblich gewordenen zierlicheren Taufen ist die Geltinger Taufe von eindrücklicher Mächtigkeit, die mit dem zugehörigen Deckel die Gestalt eines riesigen achteckigen Deckelpokals hat und den ganzen Kirchenraum beherrscht. Zwischen der weitausladenden Kuppa mit einem Durchmesser von 115 Zentimetern – als sei die Ganztaufe noch immer Pflicht! – und dem kaum weniger mächtigen Sockel verschwindet der achtseitige Schaft ganz hinter den vollplastischen Sitzfiguren der vier Evangelisten mit ihren Attributen, prächtigen Charaktergestalten und unterschieden nach Lebensalter und Temperament, die weniger als Chronisten, sondern als Vorbilder des Glaubens charakterisiert sind.

Die breite Form der Kuppa nimmt der flachgewölbte Deckel wieder auf und gipfelt in einer überreich dekorierten, säulenumstandenen Laterne, in deren Zentrum freiplastisch die Taufe Christi durch Johannes dargestellt ist; außen herum stehen vier Engelstatuetten mit Marterwerkzeugen, über dem Laternendach gruppieren sich aufsteigend Cherubköpfe und zwei Engel mit dem Wappen der Stifter Wulf und Anna von der Wisch, die Taube des Heiligen Geistes und ganz oben ein Bündel Cherubköpfe mit spiraligem Band mit einer Inschrift nach *Matth. 17,5.* Wir ergänzen, daß in Kartuschen am Kupparand das Stiftungsjahr 1653 und der uns schon von älteren nachreformatorischen Taufen bekannte Taufbefehl *(Matth. 28,19)* und die Verheißung durch die Taufe nach *Marc. 16,16* geschrieben steht.

Während die Geltinger Taufe in ihrer Glaubensaussage an ältere Taufen (für die Texte am Becken) oder gleichzeitige (für die Bildszenen am Deckel) anknüpft, ist sie in ihrer formalen Gestaltung mit mächtigem Deckel und Sockel ohne wirkliche Parallele; am nächsten steht ihr noch Lorenz Karstensens Taufe von 1643 in Husum. Die Nähe zur altbekannten Kombination aus Trägerfiguren und getragenem Becken ist auch trotz der blockhaften Gesamterscheinung der Taufe noch spürbar. Das war eine zeittypische Erscheinung; die Ornamentalisierung plastischer Werke führte zu einer Lockerung funktionaler Bindungen, die mehr angedeutet als tatsächlich erfüllt wurden wie ähnlich an der Taufe von 1652 in Schleswig-Friedrichsberg zu beobachten. Dennoch schließt die ungewöhnliche Größe des Beckens und des Sockels in Verbindung mit den Freiplastiken und dem aufsitzenden gewölbten Deckel eine weitere Beziehung zum Freibrunnen oder zum Freigrabmal der Hochrenaissance nicht aus, die nach ähnlichen kompositorischen Gesetzen gestaltet sind (vgl. den Entwurf von Giovanni Maria Nosseni für das Grabmal des Fürsten Ernst in Stadthagen vor 1613 oder das ausgeführte Grabmal dort).

Das Stützenmotiv kommt sonst um die Mitte des 17. Jahrhunderts nur noch zweimal, und zwar in sehr profanierter Weise vor, nämlich an den terrinenförmigen Taufen in Weddingstedt und Nordhastedt: aus den ernsten Männergestalten sind hier reizende Hermenkaryatiden geworden. Bei anderen Taufen beschränkte man sich unter Verwendung kleiner Absteifungen auf die Grundform des Pokals, besetzte die Kanten der sechs- bis achteckigen Becken rippenartig mit Hermenpilastern und dekorierte die Beckenflächen dazwischen. Im Westen, besonders in Dithmarschen, wo damals tüchtige Meister arbeiteten, entwickelte sich aus diesem Pokaltyp eine eigenständige Form. Die Reihe beginnt mit der Sandsteintaufe um 1630 in Hemme, die

48, 49 Holztaufen in Weddingstedt (links) und Nordhastedt, beide um die Mitte des 17. Jahrhunderts entstanden

50 Marmortaufe in der Laurentiuskirche in Tönning, 1641 gestiftet

51 Holztaufe von 1658 in der Kirche zu Barlt

Henning Claussen aus Neuenkirchen zugeschrieben wird. Statt des Pokalschaftes tragen eine durch Knorpelornament zusammengebundene Gruppe von Putten das konische sechseckige Becken, in dessen Flächen marmorne Reliefs mit den Darstellungen der vier Evangelisten, Gottvaters und Johannes d. T. eingelassen sind. Ihr folgt die Holztaufe von 1641 in der Kirche zu Heide, die Jürgen Heitmann d. J. geschaffen hatte. Seine geringeren künstlerischen Fähigkeiten überspielte Heitmann durch phantasievollen Dekor im

52 Steintaufe von 1651 in der Kirche zu Schleswig–Friedrichsberg, ein Werk C. van Manders, Hofbildhauer in Gottorf

Knorpelwerkstil: Themen der Felder sind hier wiederum die Evangelisten, Gottvater und die Taufe Christi. Noch stärker zum Dekorativen hin orientiert ist die reizvolle Holztaufe von 1658 in Barlt, die in den Feldern die Evangelisten, Christus als Salvator und die Tugend *prudentia* zeigt. Auch die Taufe von Hennstedt, die 1687 samt Taufgitter H. Pahl, Rendsburg, schuf, ist noch diesem Kreis zuzuordnen.

Als fernere Verwandte zählen hierzu auch die 1641 von Broder Peters gestiftete Marmortaufe in der Kirche zu Tönning und die sehr ähnliche von 1654 in der Kirche zu Garding, deren Reliefs etwas gröber sind. Aus schwarzem und weißem Marmor gefertigt und mit Alabasterreliefs besetzt, übertrifft sie an Eleganz und Feinheit der Darstellungen die vorher genannten Taufen. Themen der Reliefs: Stifterwappen, Geburt, Beschneidung, Taufe

53 *Holztaufe von 1635/42 in der Glücksburger Schloßkapelle*

54 *Holztaufe um 1700 in der Kirche zu Krummendieck*

Christi, Lasset die Kindlein zu mir kommen, Christus im Gespräch mit Nikodemus nach *Joh. 3.* über das Thema der Wiedergeburt. Als Schaft der Taufe dient ein maskenbesetztes Gebilde von amorpher Struktur, dem sich geflügelte Putten in gelöster Haltung anschmiegen. In ähnlicher Weise benutzte das Motiv andeutend tragender Putten vor einem unbestimmten Kern der Gottorfer Hofbildhauer Cornelis van Mander an der Sandsteintaufe in der Dreifaltigkeitskirche zu Schleswig-Friedrichsberg, die er 1651 selbst gearbeitet und gestiftet hatte.

Das in Tönning und Friedrichsberg noch zaghaft angedeutete Stützmotiv durch Putten, das in der Kunst des Landes längst eingeführt war (vgl. Henning Heidtriders Kamin im Husumer Schloß um 1615, Gudewerdts des Jüngeren Altar in Eckernförde 1641), leitet zu einer Veränderung im formalen Aufbau der Taufen über, die sich Ende des 17. Jahrhunderts zunehmend durchsetzt und für Jahrzehnte vorherrscht: der Schaft wird abgelöst durch Träger in menschlicher Gestalt. In ihrer klassischen Gestalt als Einzelfigur, deren Ahnenreihe bis in die Antike reicht, ist sie hier selten verwendet worden, zum Beispiel als knieender Engel bei Claus Gabriels Taufe um 1635/42 in der Glücksburger Schloßkapelle; trotz des großen künstlerischen Abstandes erinnert das Motiv an der Gebrüder Wulff berühmte Engel unter dem Altartisch aus dem ersten Jahrzehnt des 17. Jahrhunderts in der Bückeburger Schloßkapelle. Üblich war die Figurengruppe aus zwei oder drei Putten, die mit erhobenen Armen das Becken stützen.

Wolfgang J. Müller hat bei der Betrachtung emblematischer Bilder in der Kirche zu Katharinenheerd darauf aufmerksam gemacht, daß in Bildern und Altären des 17. Jahrhunderts in Schleswig-Holstein der Putto als Personifikation göttlicher Liebe und Allmacht dargestellt wurde. Vielleicht sind sie in

55 Holztaufe um 1718 mit geschmiedeter Haube in der Kirche zu Barmstedt

dieser Bedeutung auch an den Taufen in Tönning, Garding und Friedrichsberg gemeint. An den jüngeren Taufen von handwerklicher Qualität dagegen erfüllen die Putten ihre Trägerfunktion mit soviel Ernst und Kraftaufwand, daß man ihnen keine symbolische Deutung unterlegen möchte. Bei der Taufe in Blekendorf (um 1710) schließlich konnte der unbekannte Schnitzer, sicher in Anlehnung an ein unbekanntes Vorbild, nicht der Versuchung widerstehen, das Tragemotiv in ein reizendes Kinderspiel umzuwandeln. An dieser Taufe wird auch beispielhaft deutlich, daß die Auflösung der architektonischen Form wie bei den anderen nicht beim Schaft haltmacht, sondern auch

56 Holztaufe von 1709 in der Kirche zu Blekendorf

das Becken, das hier als eine Muschel empfunden ist, erfaßt hatte. Doch ist der gestalterische Gewinn gegen den Verlust an Bedeutung abzuwägen: stünde diese ganz profanierte Taufe nicht in einer Kirche, wüßte man nicht um ihren eigentlichen Sinn. Diese Taufen sind auch die letzten, die mit hängenden Taufdeckeln ausgestattet waren.

Verschaffen wir uns abschließend einen allgemeinen Überblick über die Taufdeckel in der Zeit ihrer hauptsächlichen Verbreitung vom Ende des 16. bis zum dritten Jahrzehnt des 18. Jahrhunderts, so weisen sie durchgehend zwei verbindende Merkmale auf: Sie sind vertikal beweglich aufgehängt und in ihrer Struktur durchsichtig. Deckel mit geschlossenen Hauben wie zum Beispiel in Aventoft 1656 kommen seltener vor. Bestimmend ist bis zur Mitte des 17. Jahrhunderts die offene, pilaster- oder säulenumstandene Laterne von

57 Deckel der Holztaufe von 1653 Hans Gudewerdts des Jüngeren in der Kirche zu Gelting

der Gestalt eines Tempelchens, zunächst in der strengen Form der Renaissancearchitektur über kräftigem Gebälk, doch bereichert im belehrenden Sinne um Aufsätze mit biblischen Szenen zur Taufe (Ringerink) und biblischen Sprüchen an den Gebälken, wie auch immer das Zentrum mit einer figürlichen Plastik besetzt ist: bei Ringerink mit dem Schmerzensmann, nachher meist mit der Taufgruppe am Jordan. Höhepunkte dieses Typs sind der zweigeschossige, Hans Peper zugeschriebene Taufdeckel in der Rendsburger

58 Taufdeckel 1722 von Joh. Zimmer in der Flensburger Nikolaikirche

59 Taufdeckel vom Anfang des 18. Jahrhunderts in der Kirche zu Brunsbüttel

Marienkirche, der schon genannte von 1653 in Gelting von Hans Gudewerdt und die in den Lübecker Pfarrkirchen Marien 1631, Dom 1663 (beide verloren) und Jakobi 1630. Später verliert die Laterne ihre feste Struktur, die Stützen erweichen sozusagen, und schließlich wird sie ganz aufgegeben zugunsten eines immer wieder variierten Volutenkranzes, der in der Zeit des Akanthusornamentes in einigen wenigen Fällen zu einer geschlossenen Haube zusammenwachsen kann.

Die heutige meist starre Aufhängung der Taufdeckel hoch über den Taufen erschwert die Vorstellung, daß beide im Normalfalle als ein in sich einheitliches Gebilde konzipiert waren, dessen zweihälftige Natur als Gefäß und als Deckel sich nur kurzfristig bei der Taufhandlung enthüllte. Wir hatten darauf schon bei der Ansprache der Geltinger Taufe als „Deckelpokal“ hingewiesen. In dieser Taufeinheit bildete der Unterteil die kompaktere Masse, der der im Volumen umfangreichere, doch luftigere Taufdeckel antwortete. Dem Bildhauer bot der Taufdeckel das reizvollere Thema, hier konnte sich seine Phantasie freier entfalten, und so ist es denn zu einer Fülle unterschiedlicher Lösungen gekommen, sosehr auch oft zwischen Anspruch und den gestalterischen Fähigkeiten der Schnitzer eine Lücke klaffte.

Am Ende der Reihe schrumpften meist die Deckel und wurden kompakter. Dabei konnte eine so originelle Form entstehen wie der Deckel in Brunsbüttel um 1700, dessen Basis – entsprechend der Kuppa – aus einer Muschel besteht, auf der sich die Evangelisten zwischen Delphinen gruppieren und von Blattgirlanden umschlungen sind, überragt von Johannes d.T. Dieses Motiv hat im italienischen Barock seine Vorbilder, aber es mag sein, daß es hier als Ausdruck einer theologischen Richtung verstanden wurde, welche die Welt als eine göttliche Schöpfung mit ihren Naturwundern gegen die naturwissenschaftlichen Erkenntnisse der Zeit verherrlichte. Der Deckel der Blekendorfer „Kindertaufe" schließlich besteht aus einer kompakten Wolkenmasse, aus der geflügelte Puttenköpfchen lugen. Spätere Taufdeckel dienten als angemessen gestaltete Verschlüsse architektonisch gestalteter Taufgefäße, waren also mehr Deckel im eigentlichen Sinne, die man zur Taufhandlung von Hand abnehmen und beiseite legen mußte.

Wir hatten schon angedeutet, daß vom zweiten Viertel des 18. Jahrhunderts an neu entstandene Taufgefäße eine rein architektonische Struktur hatten, vielfach in der Grundgestalt eines zylindrischen Sockels und je nach Entstehungszeit in der stilistischen Ausprägung des Rokoko oder des Regence oder des Klassizismus. Häufig hatte man an die alte Form des Pokales wieder angeknüpft; diese Form blieb denn auch bis weit ins 19. Jahrhundert vorherrschend.

Keiner dieser Taufen ist in irgendeiner Weise menschliche Gestalt verbunden; erstmals seit Jahrhunderten hatte der Mensch in sinnbildlicher Funktion an der Taufe sein Daseinsrecht verloren. Zur Zeit der Aufklärung, als man Kirchen um Kanzeln herumbaute, von denen mehr Belehrung als Verkündigung ausging, war das Verständnis für sinnbildliche Handlungen gesunken. Eine Taufhandlung, die mit den Worten eingeleitet wurde, daß sie *ein*

60, 61 Hölzerne Taufen in den Kirchen zu Wilster (links) um 1780 und St. Margarethen 1784

62 Hölzerne Taufe von 1792/93 in der Kirche Kappeln

Sinnbild der Reinigung unseres Herzens von allen sittlichen Mängeln sei und die sich wie ein Satz aus einer Tugendlehre lesen *(Agende 1796)*, bedurfte nicht der Unterstützung durch starke Sinnbilder. Auch als gemeindliche Feier hatte die Taufe an Bedeutung verloren, denn die Haustaufe war weit verbreitet. Wie gering die Taufe als kirchliches Symbol eingeschätzt werden konnte, zeigt die Einrichtung, die man beim Umbau der Kirche in Ulsnis 1802/03

63 Taufengel von 1750 bzw. 1759 in der Kirche zu Schönwalde

getroffen hatte. Dort kann man aus dem Altargitter eine hölzerne Lade als Tragevorrichtung für die Taufschale herausklappen und nach Gebrauch wieder unsichtbar verschwinden lassen.

Taufengel

Dennoch gibt es in der Geschichte der Taufen in Schleswig-Holstein eine Richtung, welche gewissermaßen im Gegensinn zu den hier geschilderten Verhältnissen verlief. Mit Beginn des 18. Jahrhunderts war es in vielen Kirchen Sitte geworden, die Standtaufen durch ein bewegliches Taufgerät zu ersetzen, durch Taufengel. An den Decken aufgehängt und scheinbar fliegend in rauschender Bewegung bereicherten sie die Kirchenräume um ihre liebenswerte Gegenwart. Zur Taufe herabgelassen, hielten sie mit ihren ausgestreckten Armen in flachen Schalen das Taufwasser bereit. Und so tun sie noch heute in einigen Kirchen mit großer Selbstverständlichkeit ihren Dienst.

Der Geschichte der schleswig-holsteinischen Taufengel sind vor einigen

Jahren Helga und Ernst de Cuveland nachgegangen und haben ihre Ergebnisse 1978 veröffentlicht. In vielen lutherischen Landschaften (Niedersachsen, Mecklenburg, Brandenburg, Ostpreußen, Ostsachsen) vorkommend, scheinen sie sich nach und nach mit abnehmender Dichte nach Norden über Lauenburg, das damals noch bis 1803 zum Herzogtum Braunschweig-Lüneburg, beziehungsweise zum Kurfürstentum Hannover gehörte, im Lande ausgebreitet zu haben. Es ließen sich für das Land im heutigen Umfang 56 Taufengel ermitteln (aber es hat sicher mehr gegeben), von denen noch, wenn richtig gezählt, 21 im Gebrauch sind oder wenigstens in den Kirchen hängen. Die ältesten Taufengel datieren in die Zeit um 1700, doch die meisten wurden erst in der zweiten Hälfte des 18. Jahrhunderts gefertigt, die letzten noch im zweiten Jahrzehnt des 19. Jahrhunderts.

Die Taufengel mögen sich auf ihrem Fluge nach Schleswig-Holstein Zeit gelassen haben, denn es gab sie weiter südlich schon ein viertel Jahrhundert früher, aber sie kamen nicht als fremde Wesen. Engel im Dienste auch des protestantischen Kultus waren keine seltene Erscheinung. Wir hatten sie hier schon in Verbindung mit der Taufe kennengelernt, ja, es gab sie bereits als knieende Taufenträger (Glückstadt 1642, Steinbek 1668) oder gar als stehende Taufengel, sozusagen als personifizierte Taufen (Schenefeld 1637, Ratekau). Ihr Auffliegen und ihren Taufendienst hat man bisher nicht hinreichend theologisch, auch nicht mit pietistischen Strömungen, erklären können. Aber es gab ganz praktische Gründe zur Einführung der Taufengel, nämlich die Raumnot in den Kirchen zufolge ihrer Aufteilung in feste Gestühle; H. de Cuveland hat das in einigen Fällen nachweisen können. Z. B. wurde für Grube 1767 im *Visitationsbericht des Generalsuperintendenten* gefordert und dann auch durchgeführt: *Zur Ersparung des Raumes wäre der Taufstein wegzunehmen, zu Gelde zu machen und statt dessen einen Engel machen zu lassen.* Auch in anderen Kirchen ist die Beschaffung der Taufengel nicht ohne obrigkeitliche Aufforderung geschehen, jedoch meist waren sie offenbar gern gesehen und mit Dank angenommene Stiftungen.

Um das Auftreten der Taufengel bleibt dennoch einiges unerklärlich. Zur selben Zeit, als in Schleswig-Holstein von den beweglichen Taufdeckeln Abschied genommen wird, nisten sich in den Kirchen die Taufengel ein, und zur selben Zeit, als sämtliche neuen Standtaufen architektonisch gebildet wurden, besaß das neue Taufgerät menschliche Gestalt und behauptete sich über Jahrzehnte, als fülle es eine Lücke im Bedürfnis nach Sinnfälligkeit, die theologisch auf *Malechai 3,1 (Siehe, ich will meinen Engel senden, der vor mir her den Weg bereiten soll)* und *Matth. 21,25* mit der rhetorischen Frage Christi: *Woher war die Taufe des Johannes? War sie vom Himmel oder von den Menschen?* gründete und im niederschwebenden Engel mit dem heilsbringenden Wasser ihren bildlichen Ausdruck hätte.

Taufen in jüngerer Zeit

Das 19. Jahrhundert hat zur Taufengestaltung keinen nennenswerten Beitrag geleistet. In den wenigen Kirchen, die bis zur Jahrhundertmitte neu entstanden, hielt man sich an die schon Ende des 18. Jahrhunderts entwickelten Muster architektonischer Sockel oder Pokale in immer strengeren klassizistischen Formen. Dazu gehört auch die Holztaufe in der Vicelinkirche zu Neumünster von der Gestalt eines kannelierten zylindrischen Schaftes auf

64 Holztaufe für die 1834 eingeweihte Vicelinkirche in Neumünster.

65 Sandsteintaufe neubarocker Form in der Kirche zu Grube, 1846 gestiftet

quadratischem Sockel und mit flachem, durch Engelsköpfchen verziertem Becken. Sie ähnelt sehr der vorläufigen Taufe in der 1829 vollendeten Frauenkirche in Kopenhagen. 1834 hatte Christian Friedrich Hansen, Architekt beider Kirchen, der Kirche in Neumünster zu ihrer Einweihung im selben Jahre die Kopenhagener Taufe angeboten, die 1839 mit Thorvaldsens knieendem Taufengel ausgestattet wurde. Jedoch ist diese in die Kopenhagener Zitadellkirche gekommen, nicht nach Neumünster.

Eine der frühesten Taufen, die dem Historismus zuzurechnen ist, steht in Grube. Hier war man des verordneten Taufengels überdrüssig geworden und ersetzte sie 1846 durch eine Sandsteintaufe, deren figürlicher und ornamentaler Dekor der Zeit des Knorpelstils des mittleren 17. Jahrhunderts entlehnt

66 Gußeiserner Taufständer nach der Mitte des 19. Jahrhunderts in der Kapelle zu Tramm. Katalogware aus der Rendsburger Carlshütte. Die differenzierende Farbigkeit ist nicht ursprünglich

ist. Für die Taufe in der Gutskapelle Sophienhof griff der Bildhauer Eduard Lürssen 1874 auf das Motiv des Taufengels zurück, dem er die Gestalt eines knieenden Putto gab. Sonst war Figürliches ungebräuchlich. Man bevorzugte sauber gearbeitete Holz- oder Steintaufen in Sockel- oder Pokalform mit strengem gotischem Stildekor. Geschätzt waren auch gußeiserne Taufen von

67, 68 Steintaufen in den Kirchen Sterley (links) und Osterhever, im neugotischen Stil nach der Mitte des 19. Jahrhunderts gefertigt

der Form eines dreifüßigen, mit barocken Voluten überreich dekorierten Ständers, die man seit der Mitte des 19. Jahrhunderts bei der Rendsburger Carlshütte nach Katalog bestellen konnte. Eine so aufwendige Steintaufe, wie für die Maria-Magdalenenkirche in Kiel-Elmschenhagen 1866 von Stadtbaurat Martens entworfen, war damals eine Ausnahme. Dennoch verbindet sie mit den anderen, ungefähr zeitgleichen Steintaufen die Eigenart, den Taufstein als eine Kombination verschiedener baulicher Elemente, nämlich Sokkel, Schaft und breitausladendes Becken, aufzufassen, wenn auch dieses Becken nur eine kleinere Taufschale aufnehmen mußte.

Das Thema der säulengestützten Taufe wurde nochmals aufgegriffen bei der Sandsteintaufe, die heute in der Kieler Jakobikirche steht. Ursprünglich gehörte sie in die 1903/04 von dem Architekten Wilhelm Voigt erbaute St.-Jürgen-Kirche in Kiel, die im letzten Weltkriege schwer beschädigt und später abgerissen wurde. Voigt muß auch den Entwurf zur Taufe geliefert haben, wie nach Übereinstimmungen zwischen Architektur, Altar und Taufe zu schließen ist. Vorbild dieser kompakten, mächtigen Taufe war ein weitverbreiteter Typ etwa maaßländischer oder westfälischer Art, aber in ihrer architektonischen Festigkeit zeugt sie wie die Architektur der Kirche selbst von einer Auffassung, die im Rückgriff auf die Bauschöpfungen der Stauferzeit eine der wilhelminischen Kaiserzeit gemäße Form zu finden meinte.

Zu den bemerkenswertesten Schöpfungen nach der Jahrhundertwende

69 Zeitgenössische zeichnerische Darstellung der Taufe, die der Kieler Stadtbaumeister Martens für die von ihm 1866 erbaute Maria Magdalenenkirche in Elmschenhagen entworfen hatte. Die Taufe ist nicht erhalten

gehört die 1909 in der Kieler Heilig-Geist-Kirche aufgestellte, doch bereits 1908 gegossene Bronzetaufe. Sie ist leider verschollen, vielleicht im Krieg mit der Kirche untergegangen, und über ihre Entstehungsgeschichte liegen bisher nur spärliche Angaben vor. Die Taufe ist ein Werk des aus Husum gebürtigen und in Kiel zum Steinmetz ausgebildeten Bildhauers Adolf Brütt (1855 bis 1939), der damals auf der Höhe seines künstlerischen Vermögens und seines Ruhms stand. Brütt war bereits in Kiel durch mehrere Werke (Kaiser-

70 Sandsteintaufe in der Jakobikirche zu Kiel nach Entwurf des Architekten Wilhelm Voigt. Ursprünglich für die von Voigt 1903/04 erbaute und nach Kriegszerstörung abgerissene St.-Jürgen-Kirche in Kiel geschaffen.

Wilhelm-Denkmal, die Schwertschwingerin im Rathaus, beide 1896) vertreten, und so wird es nahegelegen haben, sich an ihn wegen der Fertigung einer Taufe zu wenden. Als Gußort ist am Sockel der Taufe die Großherzogliche Bildhauerschule in Weimar angegeben, und damit fallen Entwurf und Ausführung der Taufe in die Zeit, als Brütt für einige Jahre an der Großherzog-

71 *Bronzetaufe von 1908 für die im letzten Kriege zerstörte Hl.-Geist-Kirche in Kiel, verschollen. Die Taufe ist ein Werk Adolf Brütts.*

lich-sächsischen Kunstschule in Weimar, deren führende Persönlichkeit der Belgier Henry van de Velde war, die Ausbildung von Bildhauern leitete.

Brütt hat in seinem Entwurf das alte Motiv der Trägerfigur spannungsreich variiert: aus einer blockhaften Verknüpfung von vier geflügelten Engeln entwickelt sich aufsteigend plötzlich ein freies Spiel der Arme und Köpfe, dem die lastende Schwere der Schale entgegengesetzt ist; man spürt kaum, daß diese Figuration um den Preis einer unnatürlichen Stützhaltung der Arme

72 Bronzetaufe von Fritz Fleer 1963 in der Plöner Nikolaikirche

erkauft ist. Die Kieler Zeitung vom 29. 4. 1909 hatte die Aufstellung der Taufe des berühmten Künstlers merkwürdig zurückhaltend kommentiert: „Für diese Summe hat Prof. Brütt in Weimar einen in Bronze gehaltenen Taufstein angefertigt, der nunmehr in der Kirche aufgestellt worden ist.“ War es der allzu weibliche Charakter der Engel in Verbindung mit der Taufe, der ihr eine kühle Aufnahme brachte und sie später in Vergessenheit geraten ließ?

Unter den vielen, meist bescheidenen und im Zusammenhang mit Altar und Kanzel konzipierten Taufen, die von den 1950iger Jahren an für zahlreiche Kirchen neu entstanden, greifen wir des Bildhauers Fritz Fleer Bronzetaufe heraus, die er 1963 für die Plöner Nikolaikirche geschaffen hatte. In ihrer archaischen Grundgestalt und in ihrer bildlichen Aussage nach *Joh. 21* (Petri Fischzug, Mahl und: Weide meine Schafe) ist sie liturgisches Zentrum der im Ostchor eingerichteten Taufkapelle.

Taufschalen

Zum Schluß ein Wort zu den Taufschalen. Mit dem Fortfall der Ganztaufe nach der Reformation erübrigte sich die große Wasserfülle in den Taufbekken, man setzte in die großen Becken kleinere Schalen aus Metall, die man ohnehin für die kleineren Holztaufen benötigte. Solche Schalen sind seit dem 16. Jh. weitverbreitet, und seit langem gibt es keine Taufe mehr, die nicht eine Taufschale besäße. Es gibt darunter stattliche Werke der Silberschmiedekunst. Zur Taufschale gehörte wenigstens seit dem 17. Jahrhundert eine Taufkanne, aus der das Taufwasser in die Schale gegossen wurde.

Während seit dem 16. Jahrhundert die Taufen fast ausschließlich im Lande gefertigt wurden, verhielt es sich mit den Taufschalen geradezu umgekehrt. Die meisten wurden aus Süddeutschland importiert. Hier gab es mit dem

73 Silberne Taufschale von 1679 in der Laurentiuskirche in Tönning

74 Messingne Taufschale von 63 cm Durchmesser in der Kirche zu Hollingstedt. Sie stammt aus der Werkstatt eines Nürnberger Beckenschlägers und ist im 16. Jahrhundert entstanden, aber erst 1763 der Kirche gestiftet worden

Zentrum in Nürnberg eine exportorientierte Beckenschlägerei, die seit dem ausgehenden Mittelalter bis ins 17. Jahrhundert prächtige Messingbecken mit kaum gewandeltem getriebenem oder gepunztem Dekor für sakrale und profane Zwecke produzierte. Charakteristisch für die meisten dieser Becken von stattlichen Abmessungen von etwa einem halben Meter ist eine figürliche Darstellung im vertieften Beckenspiegel, umgeben von einer ungedeuteten Buchstabenfolge gotischer Minuskeln, während auf dem breiten Beckenrand vielfach das wiederholte Motiv eines gejagten Hirsches dargestellt ist. Als Darstellung im Beckenspiegel wurden die Verkündigung an Maria und der Sündenfall bevorzugt, gelegentlich kommt auch ganz profan der Reichsadler mit Wappenschild vor.

Daneben gab es ähnlich große Messingbecken mit reichem ornamentalen Dekor vermutlich einheimischer Herkunft, außerdem ganz schlichte, zum Teil sogar nur zinnerne, dann aber auch vereinzelt silberne mit schönen getriebenen Akanthusornament, die überwiegend an der Westküste vorkommen.

75 Messingnes Taufbecken mit Stiftungsinschrift von 1670 in der Kirche zu Lebrade

Alle diese Taufschalen sind als Einsätze in einem Gehäuse, das eigentlich die Taufe repräsentiert, verwendet worden, und so ist es heute noch Brauch. Nur in wenigen Fällen hat sich die Taufschale – hier träfe das Wort Taufschüssel besser – im wörtlichen und übertragenen Sinne auf eigene Füße gestellt, die im Grunde als Unterbau nur einer ebenen Standfläche bedurfte. Wie in Helgoland die silberne Taufschüssel von 1783, die Joh. Joachim Sievers aus Altona gefertigt hatte, verwendet wurde, ist an ihr selbst gegenüber einer Darstellung der Taufe Christi im Jordan in unbeholfener Weise dargestellt. Sie steht hier auf einem ebenen Einsatz in der alten Bronzetaufe aus der ersten Hälfte des 14. Jahrhunderts, die am 18. April 1945 im Bombenhagel mit der alten Kirche unterging. Die Taufe auf dem Fundament der alten Taufe: Ein Bild fast von symbolischem Gehalt als Zeugnis für Wandel und Kontinuität zugleich. Selbst aus der nüchtern registrierenden Beischrift am Schüsselrand spürt man Achtung vor dem Überlieferten: *Tauf Schalle in die Nieklag Kirche auf Helgeland ist von ein Gies Kanne und Alte Tauf Schalle gemacht. Den 1.ten Octobris 1783. Die Gies Kanne wahr in die Kirche geschencket. von Peter und Anna Nommels. den 10.ten November 1689. Die Taüf Schalle war geschencket. von Jassper Peter Ninckels. 1715.*

76 Ausschnitt aus der silbernen Taufschale von 1783 in der Kirche auf Helgoland. Dargestellt ist eine Taufhandlung in der 1945 zerstörten alten Helgoländer Kirche. Links Eltern und Pate in modischer Kleidung, rechts der Pastor mit Mühlsteinkragen

77 Silberne Schale mit der Darstellung des Isaakopfers, am Rande die Tierkreiszeichen. Seit 1910 von einer Kieler Familie in Unkenntnis ihrer eigentlichen Bedeutung als Taufschale zur Haustaufe genutzt. Ursprünglich jüdische Ritualschale galizischer Herkunft aus der Zeit um 1800

Bibelzitate

Matthäus 17,5: *Da er noch also redete, siehe, da überschattete sie eine lichte Wolke. Und siehe, eine Stimme aus der Wolke sprach: Dies ist mein lieber Sohn, an welchem ich Wohlgefallen habe; den sollt ihr hören!*

Matthäus 28,19: *Darum gehet hin und lehret alle Völker und taufet sie im Namen des Vaters und des Sohnes und des Heiligen Geistes.*

Markus 10,14: *Da es aber Jesus sah, ward er unwillig und sprach zu ihnen: Lasset die Kindlein zu mir kommen und wehret ihnen nicht; denn solcher ist das Reich Gottes.*

Der Brief des Paulus an Titus 3,5: . . . *nicht um der Werke der Gerechtigkeit willen, die wir getan hatten, sondern nach seiner Barmherzigkeit machte er uns selig durch das Bad der Wiedergeburt und Erneuerung des Heiligen Geistes,*

1. Petrus 3,21: . . . *durchs Wasser, welches nun auch uns selig macht in der Taufe, die durch jenes bedeutet ist, nicht das Abtun des Unflats am Fleisch, sondern der Bund eines guten Gewissens mit Gott durch die Auferstehung Jesu Christi,*

Literaturauswahl

Barenscheer, Friedrich: Taufengel in Niedersachsen. Celle 1972

De Cuveland, Helga: Der Bildhauer Diedrich Jürgen Boy und die Taufengel in Lübeck und Reinfeld. In: Nordelbingen Bd. 53 1984 S. 77ff.

De Cuveland, Helga und *Ernst:* Taufengel in Schleswig-Holstein und Hamburg, Hamburg 1978

Drescher, Hans: Die bronzene Taufe in der Kirche zu Hittfeld, Kr. Harburg, und ihre Vergleichsstücke. Harburger Jahrbuch 1958 VIII, S. 1ff.

Freisen, Joseph: Liber Agendarum ecclesie et diocesis Sleszwicensis. Katholisches Ritualbuch der Diözese Schleswig im Mittelalter. Paderborn 1898

Freisen, Joseph: Taufritus in Schleswig-Holstein seit Einführung der Reformation bis heute. Historisches Jahrbuch, XXI. Bd. 2. u. 3 Heft, München 1900

Graff, Paul: Geschichte der Auflösung der alten gottesdienstlichen Formen in der evangelischen Kirche Deutschlands, 2 Bde. Göttingen 1937 und 1939

Haupt, Richard: Die Bau- und Kunstdenkmäler der Provinz Schleswig-Holstein, III. Bd. Kiel 1889 (Sachübersichten S. 100ff.)

Hellwig, B.: Ghert Klinghe, Ein norddeutscher Erzgießer des 15. Jahrhunderts, Diss. phil. Göttingen, in: Quellen und Darstellungen zur Geschichte Niedersachsens, Bd. 69, Hildesheim 1967

Hirschfeld, Peter: Ikonographische Bemerkungen zur Angler Löwenplastik des 12. Jahrhunderts, in: Nordelbingen Bd. 20, 1952, S. 20ff.

Holtz, Gottfried: Die Erztaufe in der Marienkirche zu Rostock, in: Wissenschaftl. Zeitschrift der Universität Rostock, 7. Jg., 1957/58 S. 33ff.

Kuhlmann, Hans-Joachim: Michel Dibler. Leben und Wirken des Flensburger Glockengießers. In: Nordelbingen 21. Bd. 1953 S. 58ff.

Johnsen, Willhelm: Meister Jürgen Heitmann der Ältere in Wilster, mit einem Anhang über Jürgen Heitmann d. J. von Ernst Schlee, Wilster 1938

Mackeprang, M.: Danmarks middelalderlige Døbefonte, Kopenhagen 1941

Müller, Wolfgang J.: Bemerkungen zur kunstgeschichtlichen Stellung der beiden Taufen des Michel Dibler. In: Nordelbingen 21. Bd. 1953 S. 84f.

Müller, Wolfgang J.: Die Emporenbilder von Katharinenheerd – ein Beitrag zur Bildwelt des 17. Jahrhunderts. In: Nordelbingen Bd. 40 1971 S. 91ff.

Mundt, Albert: Die Erztaufen Norddeutschlands von der Mitte des XIII. Jahrhunderts bis zur Mitte des XIV. Jahrhunderts, Leipzig 1908

Noehles, Karl: Die westfälischen Taufen des 12. und 13. Jahrhunderts. Diss. Münster 1953 (Maschinenschrift)

Pauls, Volquardt: Kiel und Kloster Bordesholm. Manuskript eines Vortrages von 1933 im Landesamt für Denkmalpflege Schl.-Holst.

Pudelko, Georg: Romanische Taufsteine, Berlin 1932

Reutersvärd, O.: Paradisets källa och de gotländska „Paradisfuntorna", Borås 1967

Roosval, J.: Die Steinmeister Gotlands, Stockholm 1918

Sauermann, Ernst: Die mittelalterlichen Taufsteine der Provinz Schleswig-Holstein. Lübeck 1904

Schlee, Ernst: Die Ikonographie der Paradiesflüsse, Diss. phil. Kiel, Leipzig 1927

Schlee, Ernst: Der romanische Taufstein in der Kirche von Wesselburen, in: Dithmarschen, Blätter der Heimatgestaltung, 13. Jg. 1937 S. 2ff.

Teuchert, Wolfgang: Die Ausstattung der Kirchen im Mittelalter, in: Schriften des Vereins für schleswig-holsteinische Kirchengeschichte Reihe I Bd. 27, Neumünster 1978 S. 163ff.

Bildnachweis

Vorsatzblätter: Landesmuseum für Kunst- und Kulturgeschichte Schleswig-Holstein in Schleswig, Schloß Gottorf – Abb. 24: Thomas Helms, Schwerin, – alle übrigen: Landesamt für Denkmalpflege Schleswig-Holstein in Kiel, die meisten von Alfred Demmnick und Otto Vollert, einige vom Verfasser.

Taufpatenbrief, ausgestellt 1822, colorierte Radierung, „Leipzig bei Cleve". Maße: 16,1 × 15,6 cm